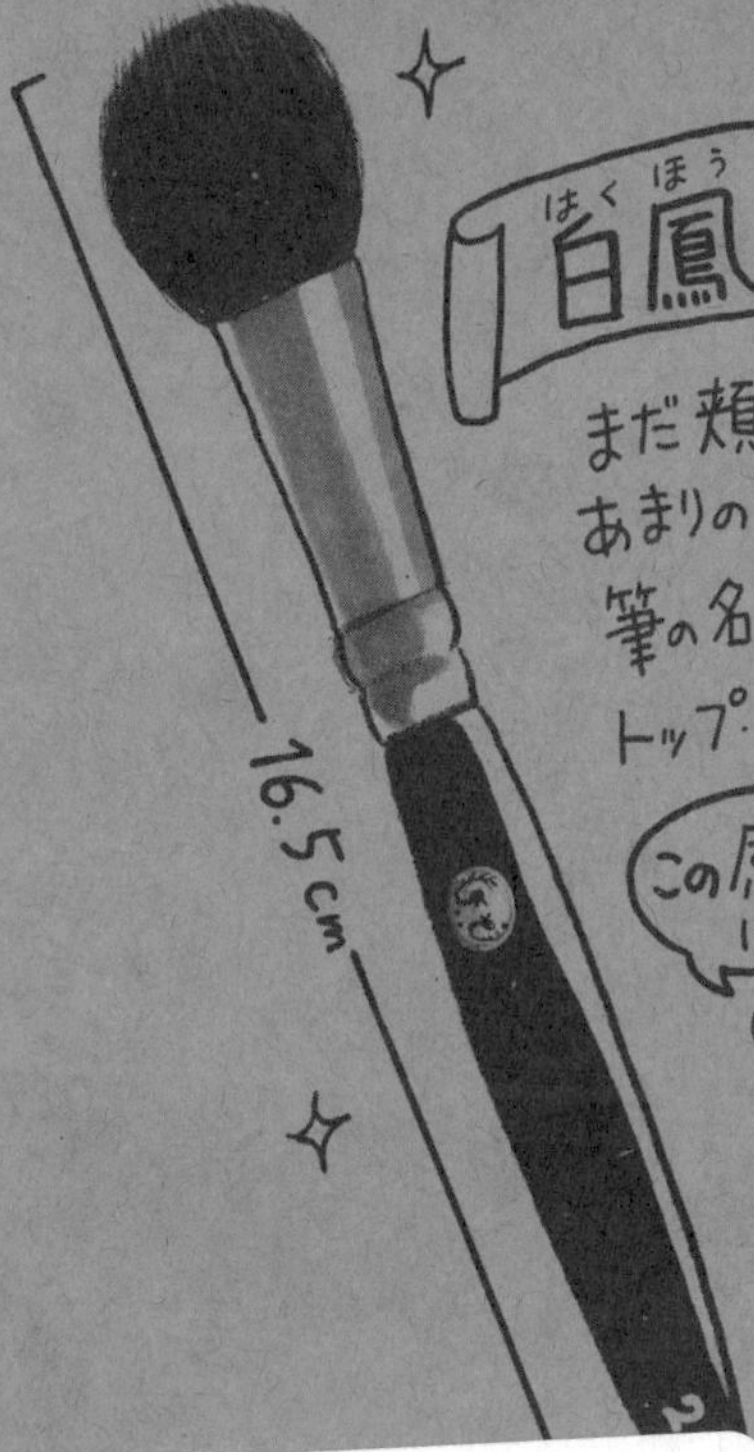

白鳳堂《はくほうどう》の化粧筆（チーク用 山羊毛）

一本 2,205円

まだ頬紅に興味がなかった頃に、その穂先のあまりの気持ちよさに惚れて買った一品。白鳳堂は筆の名産地・広島県熊野町の会社で、世界のトップ・メイクアップ・アーティストにも愛用者が多いそうな。

牛革なのに完全防水のブーツ（ワコール 24,800円）

カラー 黒

水を一滴も通さない！

でも

通気性抜群でムレない。内側のゴアテックス素材の恩恵。

撥水《はっすい》加工どころ
防水能力。しか
シンプルなデザ
服装＋あらゆる
雨の日に限らず
大活躍
なので
手入れはフリー
6年目にソールを

買ってよかったモノ語り

絵と文と写真
森 優子

晶文社

本文イラスト・写真／森優子
カバー写真・本扉写真／ギャラリー オーク©柏原誠
装幀・本文デザイン・DTP／NILSON 望月昭秀＋戸田寛

目次
index

第1章 台所の一軍選手

第2章 食卓の定番

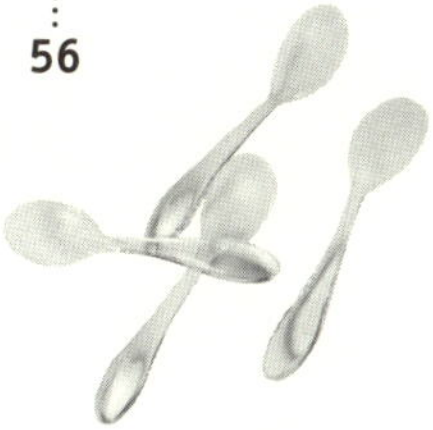

第3章 きもちいいを導く立て役者

第4章 しびれる電化製品

第5章 おでかけのとも

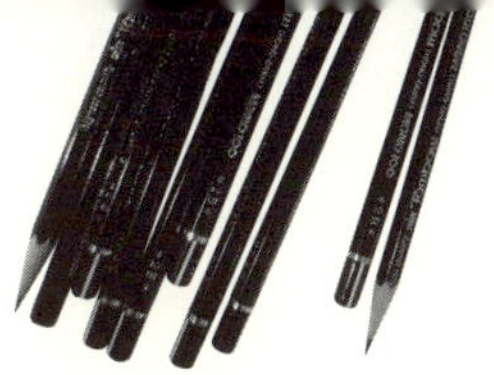

第6章 世界一の家具

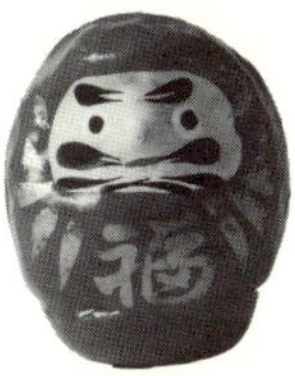

第7章 デスクの兵隊

第8章 人生のいろどりあん

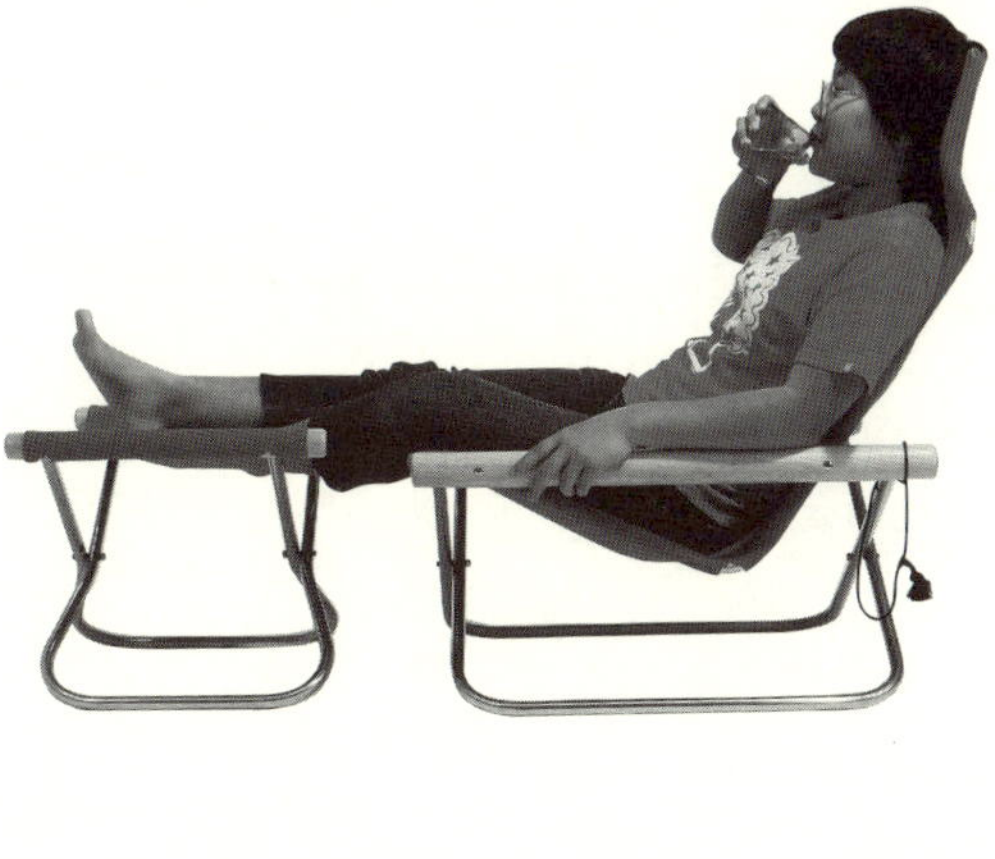

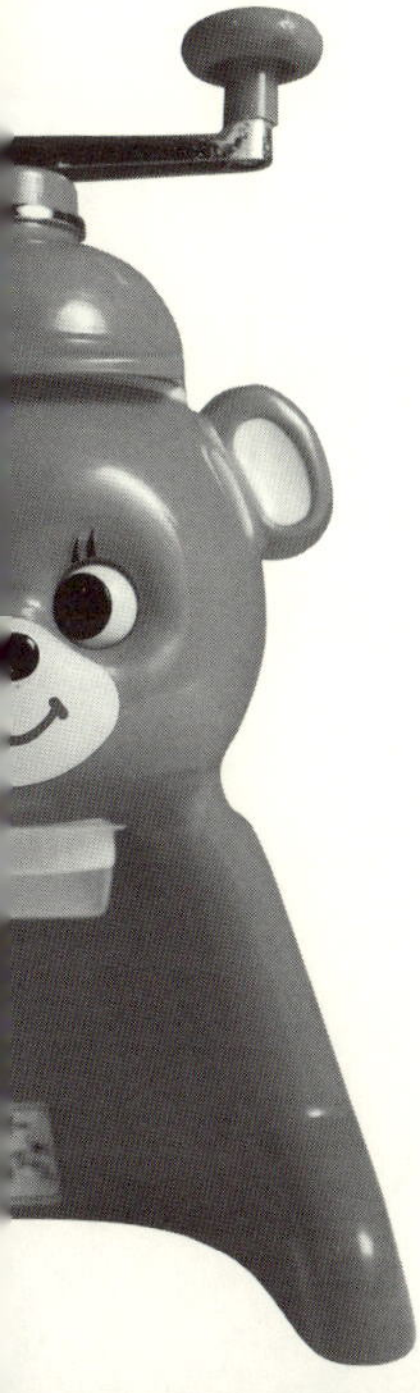

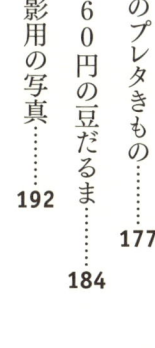

はじめに

本のタイトル、そのまんま。

筆者がこれまでの人生で、「買ってよかった！」と心底思えるものを紹介した本である。

自信を持っておすすめできるものばかりなので、ぜひあなたにも知ってもらいたい。

ただし本書に登場する36アイテムは、旅先・近所の商店街・ネット通販など、買った場所や年代もバラバラだ。入手可能なものも多いとはいえ、値段があいまいだったり、すでに廃盤商品だったり、外国まで出かけなければ買えないものも含まれている。つまりカタログとしては完璧ではないことを、まずは白状しておかねばならない。

では、モノの本としては失格か？

いやいやそんなことないぞ、というのが、じつは筆者の思いなのである。

筆者は家事のエキスパートではなく、アイロンがけも掃除も大の苦手。料理は好きだけど、「時

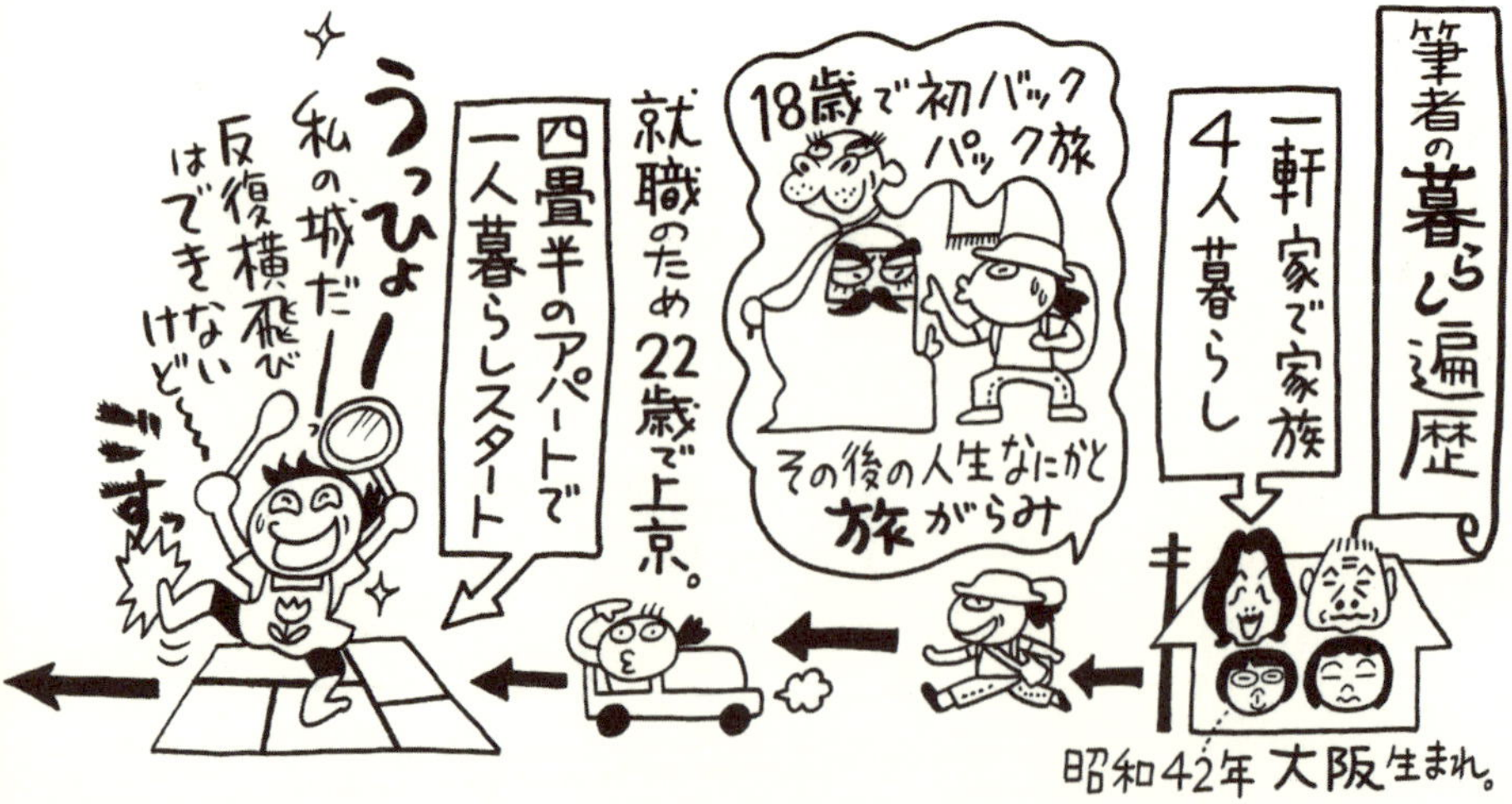

筆者の暮らし遍歴
一軒家で家族4人暮らし
昭和42年大阪生まれ。
18歳で初バックパック旅
その後の人生なにかと旅がらみ
就職のため22歳で上京。
四畳半のアパートで一人暮らしスタート
うっひょー！
私の城だー！
反復横飛びはできないけど〜
ごすっ

間がない」「ええい面倒だ」の手抜きは日常茶飯事。かっこいいものに憧れつつも、「掃除しにくいかも」「収納場所はどうする」「今月は出費が多かったからなあ」といった理性がすぐに待ったをかけて、売り場で悶絶する。

そんなトホホを繰り返しながらも、暮らしはちょっとでも快適で面白いほうがいいに決まっているから（後悔や損などもってのほか）、よりよき道具を求め、アイデアをひねりだし、さまざまな思いや都合に折り合いをつけながら日々を重ねてきたのだった。

だからこそ叫べる「買ってよかった！」を、ここに詰め込んだのである。

これらのモノ語りが、きっとあなたの暮らしにも救いやひらめきをもたらすはずだと信じているし、少なくとも他人の暮らしを覗き見するような楽しみは味わってもらえると思うので、ぜひご一読願いたい。では、どうぞ。

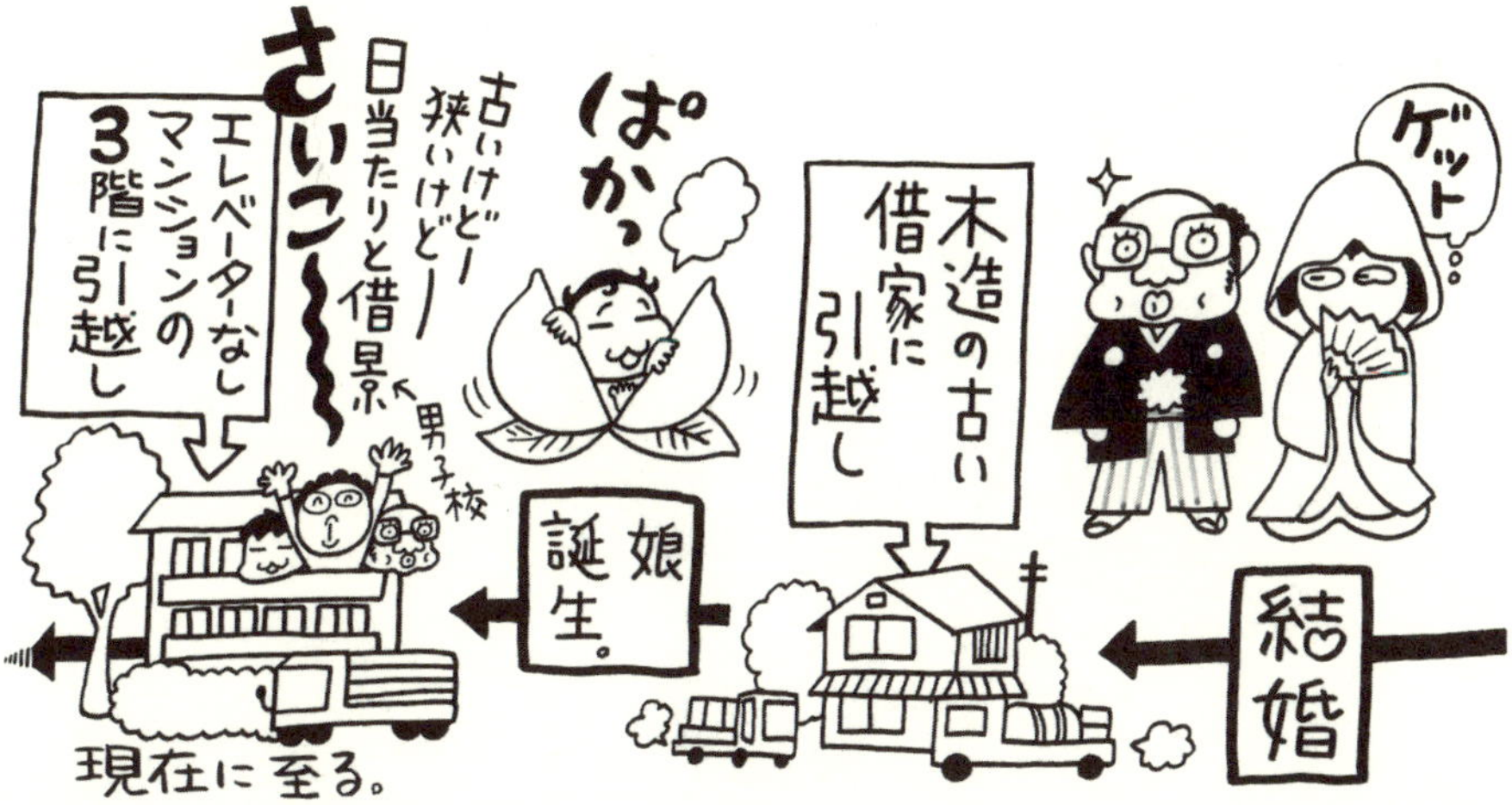

第1章

台所の一軍選手

トレード不可!!

30円の木べら
プラスチックのミニまな板
ステンレス製のレンゲ
ミニすり鉢とミニすりこ木
インドのカレー用ステンレス小鉢
大きなテフロン鍋

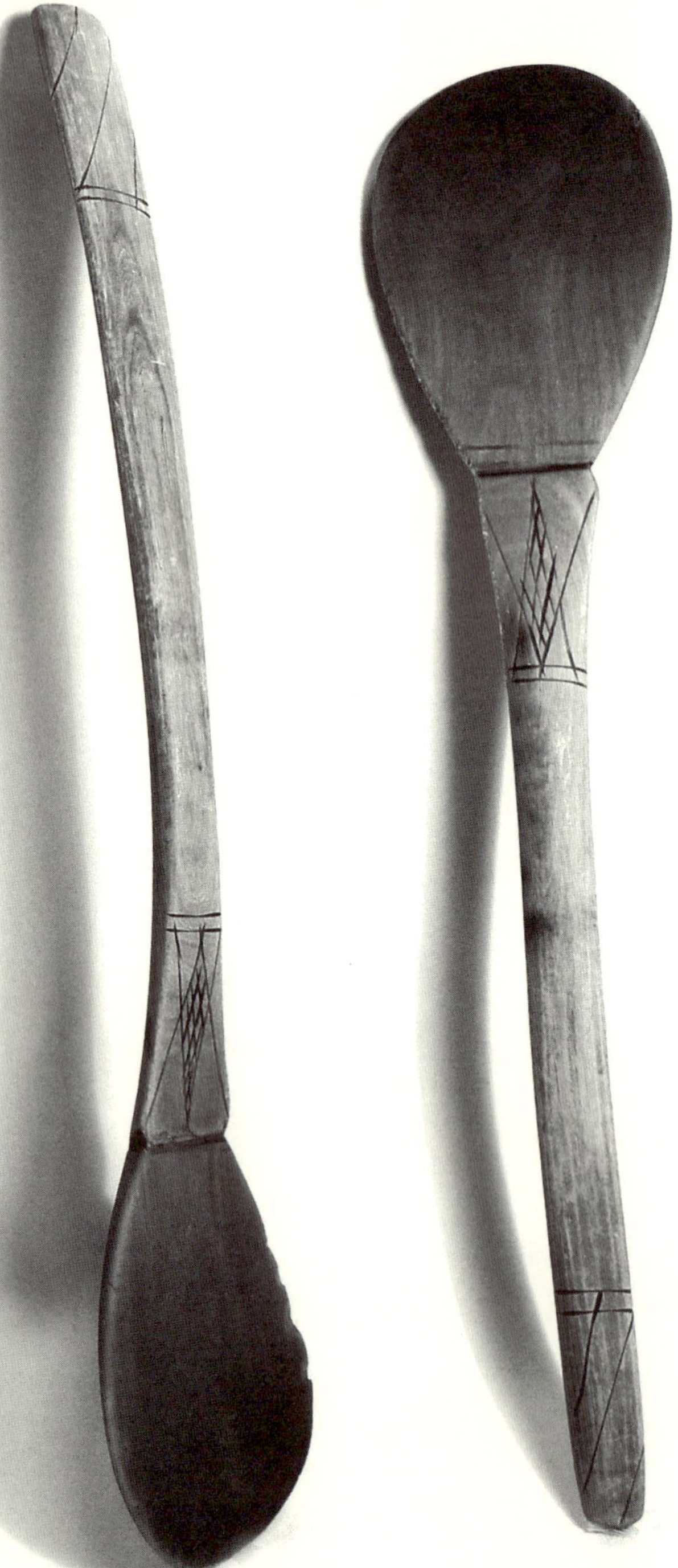

1 30円の木べら

（タンザニア・カリアコー市場）

ここに、二本の木べらがある。

19歳の春休み。私がまだきゃぴきゃぴの大学生だった頃に東アフリカを旅行して、タンザニアの首都・ダルエスサラームの市場で手に入れたものだ。たしか一本30円だった。

もしあなたが自分の木べらをぼちぼち気に入っているようなら水をさすようで申し訳ないが、ずばり、これこそが世界一。木べら界の頂点を極める逸品だと断言してしまおう。一見ありふれたフォルムだが、これらには一般的な木べらとは微妙に異なるいくつかの特長があって、とにかくむちゃくちゃ使いやすいのだ。

まず素材が固く、カッカッと鍋に触れる感触が最高に気持ちいい。ゆでたじゃがいもも、さくさくとわずかな力でつぶすことができる。売っていたおばさんの解説によると、これは「槍《やり》の木」と呼ばれる固い木でできていて、マサイ族が動物や敵から身を守るために使う槍と同じ素材なんだそうだ。

「ライオンも倒せるのだ。だからおまえは買うべきだ」

「それは頼もしいですが、日本にはライオンはおりません」

「ならば悪い男を倒せばよい」

さらに、絶妙のカーブを描くちょっと長めの柄がミソ。ひとつは全長34センチ、ひとつは38センチと日本の一般的な木べらよりも4～8センチ長いのだが、その数センチのおかげで、火力が強いときでも熱や油はねに臆することなく果敢に鍋に立ち向かうことができるのだ。

これで鍋をかきまわすときには腕も背筋も自動的にピンと伸びて、「よっよっ、あらよっ」

と威勢までよくなってしまう。ことにイライラしているときなんかはもう最高で、私も家族もしょっちゅうこれで鍋やフライパンにやつあたりしている。カッカッカッという感触がダイレクトにかえってくる金属と違って抵抗を適度に吸い込んでくれるようなところに、無意識によりかかっているのかもしれない。

おりゃおりゃおりゃ――――っ！

ゴボウでも豚ロースかたまりでも何でもこーい！

ライオンでも悪い男でもＰＴＡでも誰でもかかってこいってんだ、へへへ！

すなわちこの木べらは使いやすいばかりか、我々が社会生活を乗り切るためのメンタル面においても不可欠な道具と言えるわけだ。

冗談なんかではない。だからじつは、困っているのだ。素晴らしい道具との出会いは同時に、それをいつか失う日が来ることへの不安や恐怖もはらむものではないか。

「安くて軽いからおみやげにちょうどいいかな」という程度のノリで当時は10本買ったのだが、思いのほか素晴らしいへらだと気づいた私は、まるで部族の酋長が一族の宝を分け与えるがごとく「この人にこそふさわしい」と思う人にだけ一本、また一本と差し出してきた。そのことに後悔はないとはいえ、「せめてあと一本残しておけばよかった」と思っているのである。

いつか娘がうちを離れていくときには、一本を手渡そうと心に決めている。でもでも、手元に残る一本がもしダメになってしまったら？

いやいや、何を迷うことがあるものか。ふたたびタンザニアへ渡ればいい。

あの空の下へ。いたんだ野菜の匂いと怒声がいりまじった、あの市場の喧騒へ。

ああ、そうだとも！　この木べらのためなら旅立てる。

そんなことを本気で思わせてしまうのが、私がこれを「世界一」と言い切るゆえんでもある。

が…とかなんとか言っておきながら。

ちまたでアフリカ旅行の広告なんかを見かけるとつい「あのー、近々行かれる方、どなたか買ってきてもらえませんか」とか「誰か輸入して〜！」と心の中で叫んでしまう、我ながら庶民なのである。とほほ。

角のせっけん屋を曲がって、デイビッドのスナック屋台のさらに奥。

「ライオンを倒せてじゃがいもも上手につぶせる木べら」と言えば、わかると思うんですが。

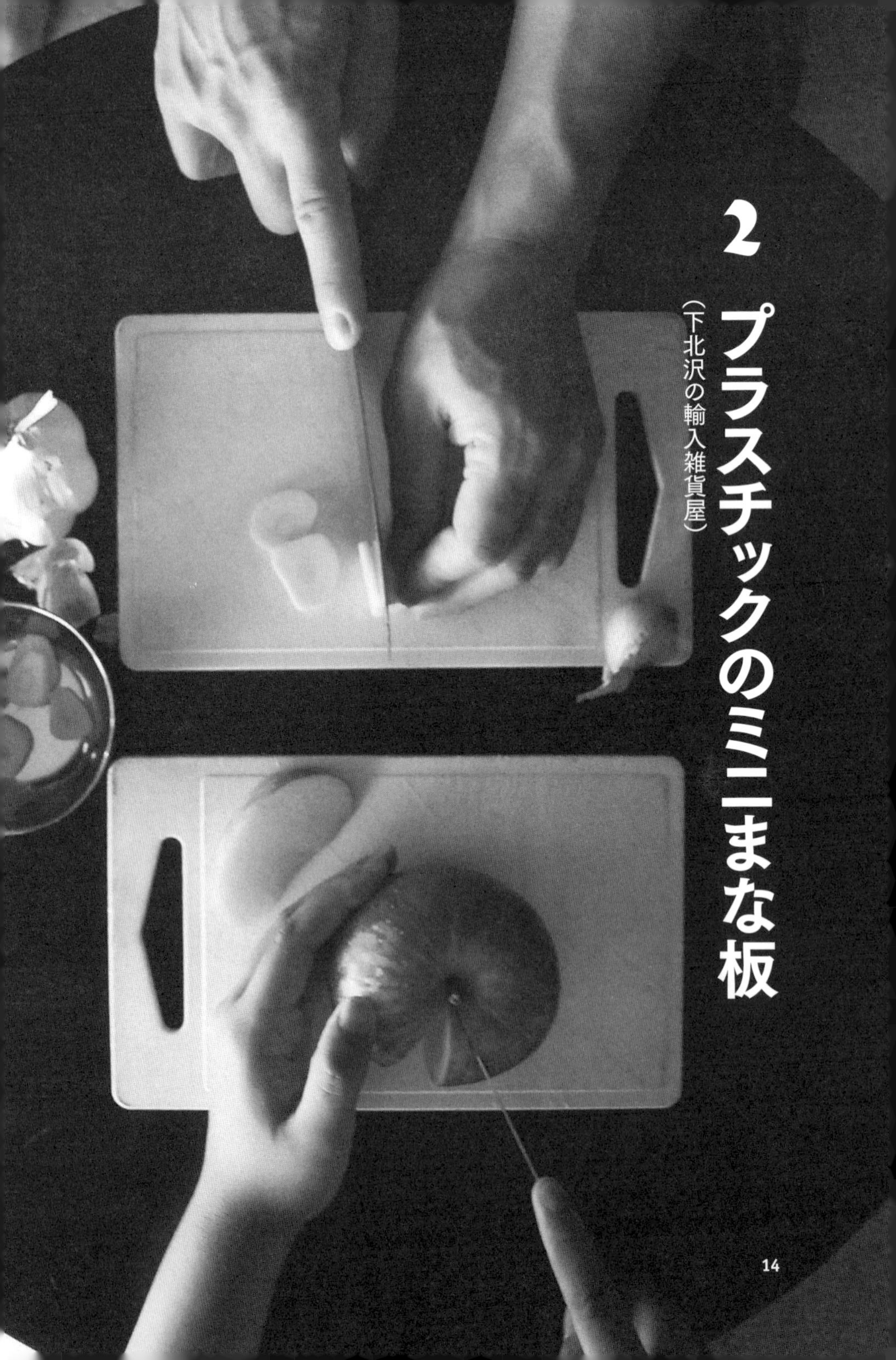

2 プラスチックのミニまな板

（下北沢の輸入雑貨屋）

かれこれ20年前。大阪から上京して私が独り暮らしを始めたのは、四畳半ひと間のアパートだった。私はこの部屋が大好きだった。

南と東に大きな窓がある二階の部屋にはお日さまの光がこれでもかと言わんばかりにさしこんで、布団はいつでもふかふか状態。窓辺から顔を突きだせば、大家さんちの雑種犬が「ひゃいひゃいひゃい」と走り回っている庭が見える。なんというか、「人間が生きるのに必要なものは何ひとつ欠けていない」と思わせてくれるような、なんとも人相のいい部屋だったのだ。

とはいえ築25年の木造アパートは古くて狭くて、とうぜん不便も多かった。洗濯機が置けなくて休日のたびにコインランドリーに通うのは面倒だったし、給湯器のない台所での真冬の食器洗いは「私は今、雪山の修行僧である」とでも思わなきゃやってられない。

でも「満つれば欠く。ちょっと足りないぐらいがちょうどええのよ」と母に言われながら育った私にとっては、多少の不便がかえって安心材料になっていたような気がするし、克服しようとがんばっている自分が好きでもあった。つくづく、この部屋には「暮らしの運動神経」みたいなものをずいぶん鍛えてもらったなぁと思うのである。

たとえば料理の段取り。経験者ならおわかりだろうが、一口コンロしかない小さな台所で料理を作るのは簡単ではない。たとえばトマトソースを煮ながらパスタを茹でることはできないし、ぶりの照り焼きを作りながら味噌汁はあたためられないわけだから。

ところが驚くべきことに、当時の私はそれなりにちゃんとした複数の料理（友だちと呑むときには焼きシシャモと揚げ出し豆腐と焼きうどんといった居酒屋メニュー、旅から戻ればやれタイの屋台だ東欧家庭料理の再現だといったもの）を見事に並べていたのである。おほん！

（おっと笑われるなかれ。四畳半クッキングは知性と汗をともなう高度な頭脳プレイなのだから）

そのとき編み出した技のひとつに、「ミニまな板・両面ダブル使いの術」がある。

当時の小さなシンクは野菜洗いのザルひとつでいっぱいになったから、肉を切った・にんにくを刻んだというたびにまな板を洗うのは骨が折れた。でもこまわりのきくミニまな板なら、端っこのほうでちゃちゃっと洗うことができる。これを二枚、さらに表裏両面を使えばまな板洗いの頻度は四分の一となり、料理の流れが格段にスムーズに、スピードアップというわけだ。

下北沢の輸入雑貨屋で手に入れたミニまな板のサイズは、縦15センチ×横25センチ。厚さ7ミリ。よく一般家庭でサブまな板として使われている小ぶりのポリエチレンまな板よりずっと薄くて小さいが、じつはイワシをさばくのもニンジンを一口大に切るのもこの程度でこと足りることは多く、むしろ機動力は上かもしれない。元来ものぐさな私が「ちょこっと青じそを散らしたらおいしいかも」といったひらめきを案外億劫がらずにすんでいるのは、洗う手間がお皿一枚ぶん程度で（食器洗い機にもポンと入る）、しかも二枚あることがポイントのような気がする。

さてその後。二回の引っ越しを経て家族が増え、大きなまな板を手に入れた今も、ミニまな板はあいかわらずの活躍っぷりである。

しょうがやにんにくを刻むとき。たこウインナーの筋をちょちょっと入れるとき。娘がクワガタの餌のりんごを一片切り取るとき。

そして、不平や不満、悶々としたものを抱きながら台所に立ったとき。

四畳半のわきの台所で汗をかきかき料理していたあの日の自分が顔を上げ、「はっはっは、なんのそれしき」と笑い飛ばしてくれることも、たまにあるのだった。

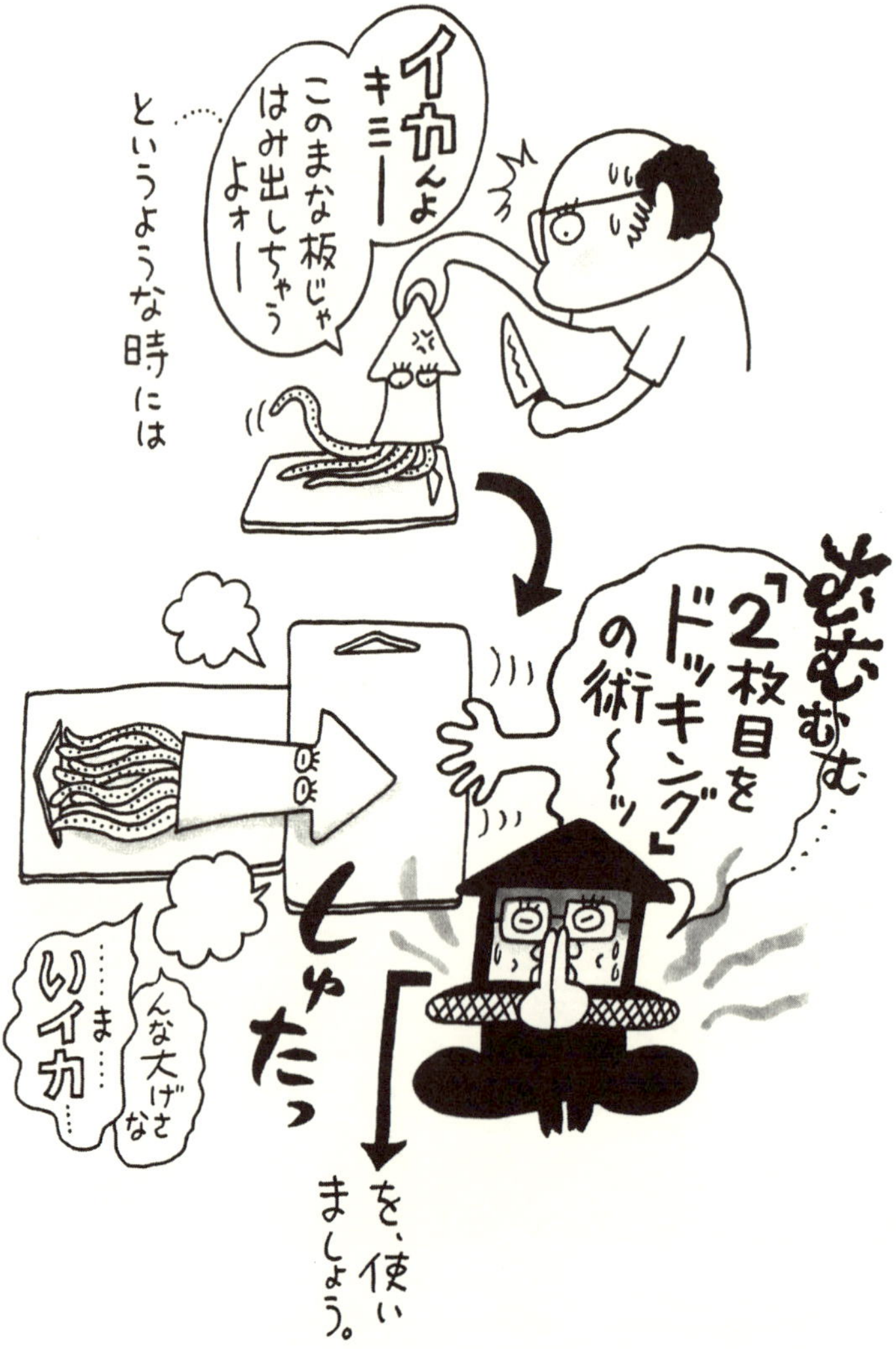

イカんよ キミー
このまな板じゃ はみ出しちゃう よォー
……というような時には
むむむ……
「2枚目をドッキング」の術〜〜ッ
しゅたっ
んな大げさな
……ま……
いイカ……
を、使いましょう。

3 ステンレス製のレンゲ（タイ）

東南アジアの旅の楽しみといえば、なんといっても屋台や食堂のB級グルメめぐりである。ことに麺類のバリエーションの多様さとおいしさは間違いなく「東南アジアが世界一水準」と言い切っていいだろう。ひょいっと座った道端の屋台でさえほぼハズレがなく、しかも安いんだから。

ベトナムの米麺、フォー。タイの汁麺、バーミーナム。インドネシアの焼きそば、ミーゴレン。マレーシアのココナッツ風味のカレーラーメン、ラクサ。あああ、それとあれと…。

湯気を立てたそれらが目の前に置かれるとき、必ず添えられているのがレンゲである。

私はバンコクのスーパーで、ステンレス製のレンゲを求めた。屋台や食堂で出されるのはたいていがどぎついピンクやオレンジ色のちゃちなプラスチック製、あるいはペコペコのアルミ製と相場が決まっているが、ステンレス製のほうが長持ちしそうで美しかったからである。一ダース入り、一箱およそ120円。

帰国するやいなや、私ははりきって東南アジア・パーティーを開いた。現地のおっちゃん・おばちゃんから教わったレシピをできるだけ忠実に再現し、ラジカセからは現地のヒット歌謡、エアコンを消して不快指数もちゃんと高めて…と、それはもう完璧な東南アジアの再現になるはずだった。

ところが。いざ料理を食べ始めると、何かがどこかが違うのである。

中華麺
ココナッツミルク＋カレー風味
マレーシア
ラクサ

なぜだろう、いったい何が違うんだ？

はたと思い当たったのは、レンゲの材質だった。もしかするとアルミやプラスチックに比べて、ステンレス素材が立派すぎるのではないか。

するとそこにいたタイやベトナムの屋台経験者たちもいっせいに「あっ、それだ！」と賛同したのだった。

「現地の屋台ではさ、アルミのレンゲで〝唇が切れそう〜〟ってこわごわ食べたもんだよ」

「アルミやプラスチックの安っぽいレンゲって薄くて、舌や唇にまともに熱が伝わってくるじゃん。あれと戦いながらフーフーひいひい食べるのがアジアなのかも」

なるほど。このステンレスのレンゲだってタイで使われているものだからけっして邪道ではないにせよ、もはや私たちにとっての東南アジアとは違うってことなんだろう。

三つ子の魂百までも。レンゲの記憶も百までも。あなおそろしや。

さて、ちょっとかわいそうな日本デビューを果たしたステンレス製レンゲ・ブラザーズだったが、その後の彼らは見事な転身を遂げた。

最初は何の気なしに、麦茶を炊くときに麦をやかんに投入す

どっさり牛肉
あっさり米麺
ベトナム
フォー

るスプーンとして使ったのである。するとこれが、なんとも使い勝手がよくて。

ひとすくいの量が多いので、やかんへの往復回数が少なくて済む。

厚みも普通のスプーンに比べればずっと薄いから、麦の中につっこむときの抵抗が少なく、「さくっ」とシャープで心地いい。

ステンレスなら匂いうつりも味への影響もないから、ストック缶の中に入れっぱなしにしておける。短くて邪魔にならない。また底がちょっと平らなレンゲ独特の形のおかげだろう、埋没してしまうことがなく、次に使うときも握る部分はきれいなままだ。

こりゃいいや。それになんたって、12本もあるんだもんね。

というわけでレンゲ・ブラザーズは台所のあらゆる場所に散り、ストック容器のサーバースプーンとして活躍し始めたのだった。これぞホントのちりレンゲ、なんちゃって。

挽いたコーヒー豆・胡麻・パン粉といったツブツブものや、メリケン粉・片栗粉といったサラサラもの。これらを適量すくうのに、ずばりこのレンゲの右に出る道具はないと思う。

東南アジアの正しい麺の食べ方とマナー
このさい知っておきたい
汁麺
スープもレンゲでいただく
ひと口ぶんを箸でレンゲにとってパクッと。
ヤキソバ
ギリ
ギリ
スプーンで切って
ひと口ぶんをスプーンですくってパクッと。
フォークは添えるだけ
① ずるずるっ ×
② ごくごくっ ×
← 器を持ち上げて口をつける
とにかくこれが2大タブー
ご用心あれ！
オホホホ……
おいしくエレガントに召し上がれ〜〜

4 ミニすり鉢とミニすりこ木

（産地不詳＋中国・トルファン）

ごま好き女とごま好き男が結婚して誕生した、ごま命夫婦。そんな我々になくてはならない、そしてこれ以外はもはや考えられない「世界最強のごますりコンビ」がこれである。「ちょっと普通のものよりサイズが小さめ」という以外にはこれといった特長がないように見えるすり鉢とすりこ木だが、じつは組み合わせがちょっと変わっている。

いかにも和風民芸品という顔のミニすり鉢は、私が大阪の実家の物置から発掘してきたものだ。産地も、なぜ・いつからそこにあったかもわからぬそれは、おそらく誰かの観光地みやげか引き出物だったのかもしれないが、新品のまま黄ばんだ箱に封印されていた。

ふるさと帰省組の方にはわかってもらえると思うが、実家の物置というのはどうしてあんなに「なんでこんなものまでとってあるの?」というもので溢れているんだろう。母の名誉のため言っておくと、母はかなりの掃除魔・整理魔だったから無精でため込んでいるわけじゃなくて、たんに「モノは大切にせなあかん」世代の道徳観がそうさせていたんだろうとは思うけれど、もはや地球上に存在しない「西ドイツ製」の石鹸や推定30年前の信用金庫の粗品のラップが出てきたときには、さすがに「なんでやねん」とツッコミを入れてしまった。

とにかく私がミニすり鉢をふりかざして「もらってくよ」と言うと、実家の家族はテレビから目すらそらさず「あー」と言った。そして東京へ持ち帰ってみると、それはじっさい日々のごますりには理想的なコンパクトさだった。

それまではぐるぐるハンドルをまわすタイプのごますり器を使っていたのだが、たっぷり使いたい我々にとっては若干役不足。電動式を検討するも、容量が意外と少ないものが多く、投資するからには飛躍的な改善を求めたい我々は購入に踏み切れなかった。ならばいっそといわゆる一般的なすり鉢とすりこ木を使ってもみたのだけれど、大きくて重くて細かいみぞを洗うのにも手間がかかり、結局フェイドアウトしてしまった。

その点、お茶碗より大きめで丼よりひとまわり小さいぐらいのミニすり鉢は料理中の調理台の上にあっても奥ゆかしく、何より食器洗い機にポンと放り込めるのがありがたい。

そしてそのミニすり鉢とベスト・マッチングだったのが、私がおよそ20年前に中国のトルファンという町で手に入れたスパイスつぶし用の棒だった。

シルクロードの要地・トルファンはウイグル族の町で、中国といっても地理的にはカザフスタンやモンゴルに近く、料理にスパイスや木の実を多用する。それらをつぶすための道具として青空市場で売られていたセットを「きゃーかわいい」というギャルのノリ（当時）で購入したものの、小さな臼のような木製のすり鉢は内側にみぞがなく、「べつにこれでなきゃだめっていう料理を作ることはないんだよな」というまま、ただのエスニックな飾りと化していたのだった。それの付属の棒をふとひらめいてひっぱり出してきたら、ミニすり鉢君との相性がどんぴしゃだったというわけである。

日本の一般的なすりこ木は先端がくるんと半球状に丸まっているものが多いが、これはカーブがゆるやかですり鉢との接地面積が広く、細かいごまをしっかりとらえて効率がいい。また「ここを握るんですよ」とでも言わんばかりのくびれにすっぽりと手がおさまって力を受け止めてくれるので、日本製に多くあるのっぺりした形状のものよりもゴリゴリ回すのが楽に感じ

られる。調理用品製造業者にぜひ参考にしてもらいたい、ブラボーな形状なのである。見た目はちょっと「えっ？」というミスマッチ・コンビではあるけれど、こうして時や距離を越えて不思議な縁で結ばれて、ようやく日の目をみたふたつの道具。しかもごまを思う存分すれるようになった我々の健康はますます安泰と、まさにめでたしめでたしなのである。

今、台所の片隅に座り込んでごまをするのはもっぱら娘の役割。そしてそのゴリゴリという音を聞くときに私が決まって口ずさんでしまうのは、ユーミンの80年代の名曲「リフレインが叫んでる」だ。

「どうして　どうして　僕たちは出会ってしまったのだろう…♪」

いやいや、洒落なんかじゃなくて。ごますりタイムには本当にこの曲しか浮かんでこないんだから。

①ゴルフボール大に握った小さめの塩おにぎりを
ちゃっ ちゃっ
ほいっ
きゃ〜
②ごまの海に投入しごろごろ
森家名物じゅんちゃんおにぎり
キロ単位でごまを買う「ごま命・森家」の名物は夫が握るひと口大のおにぎり。
ざく ざく
じゅんちゃんおにぎり食べた〜い
と、近所の子どもたちからたびたびせがまれて夫はご満悦だ。
んもー仕方ないな〜
ごま
ざらざらざら…
これに使うごまは絶対に白。すらないほうがおいしい。

5 インドのカレー用ステンレス小鉢

（インド・チェンナイ）

インド料理屋でカレーが出てくるときによく使われている、直径7センチほどのステンレス製の小鉢である。今でこそ我が家になくてはならない道具となっているが、10年前に南インドでこれを買おうと思い立ったときにはさんざん頭を悩ませたものだった。

最大の悩みどころ。それは「私はこれをいくつ買うべきか」についてである。

金物屋の店先に何百個もスタッキングされた姿があまりにもシンプルで美しく、フレキシブルに活躍してくれそうな気配をびんびん感じたからである。日本ではそんな風に思ったことはなかったが、現地の食堂でわんこそば状態でちゃかちゃか使われる光景や（南インドのカレー定食ターリはおかわり自由）、また家庭でも米をすくったり植木鉢に水をやったりとフル活用されているのを見るうちに、なるほどと思ったのだ。

そうか、これってカレー用という概念さえ取り除けばいろんな使い方ができるんだな。

ヨーグルトやアイスクリームのめいめい皿として。

卵を一個だけ溶く小さなボウルとして。

干しシイタケを一個だけ湯もどしするのにもちょうどよさそうだぞ。

パエリアや海鮮鍋を囲んだときの、エビやアサリの殻入れにも。

そうだ、コンパクトで清潔感もあるからおしぼりの受け皿として使ってもいいかもしれない。

それにあれに、ええと、ええと…。

泉のようにアイデアが湧き出てくるのはいいが、要するに、それがかえって「何個買うべきか」の判断を惑わせたのである。

若い頃ならあまり深く考えず、「5個ぐらいかな～」と、さっさと会計を済ませていたと思う。でももはやそんな軽いノリで買えなくなってしまったのは、生活者としての経験値がそれなりに培われてしまったせいだ。

たとえば贈答用のカップ＆ソーサーやミート皿は5つセットであることが多いが、これが家族だけでは余って来客時には足りなくなるような、案外中途半端な数であることをすでに知っている。４人家族を招いて鍋をつつくとすれば、うちの家族ぶんも含めて最低7個は必要だろう。

さらにこれをフレキシブルに多用するつもりであれば、ある程度の数を仕入れておかねば機動力が発揮されないこともわかっている。たとえばシンプルで大きな水差しなんかはつい「花も活けられるし、ワインクーラーとしても使えるわ」なんて思ったりするものだが、花を活けているときにはワインは冷やせないという現実にすぐに直面するのである（しかもはりきってワインを冷やしているときに限って客人が花束を持ってきてくれたりする）。そんな「フレキシブルの落とし穴」に陥ることなくパカパカ使える数を確保するには、20個以上は必要か。

すると今度は「キッチンの棚はもう満杯だよ。20個もどこに収納するつもりさ」「旅行中のテンションで食器や鍋を買い込んで結局使ってないものも多いじゃん」などと指摘する自分が現れたりもして、思考はさらなる迷宮に入ってしまうのである。

優柔不断なのではなく、堅実な大人だからこそ陥る高尚な苦悩。

しかしそんなことを推し量ってくれるはずもない金物屋のオヤジが、ときおりギョロギョロ鋭い目線をこちらに向けてプレッシャーをかけてくる。あああ、私はこれを何個買うべきなんだ？

あげく決断した数は、ずばり12個であった。

根拠はただひとつ。ヤケクソである。

世界は12という数字で成り立っている。12か月、12星座、十二支、午前と午後は12時間ずつ。1・2・3・4・6・12と約数がやたら多いのも12だぞ。そうだそうだ、12こそが宇宙を支配するパーフェクトな数字なのだ！

売り場であれこれ考えを巡らせてしまうのも、土壇場で力ずくのオチをつけられるのもまた年の功。大人になってよかったと、やっぱり思うのである。

ちゃか ちゃか
で、結果的に
12個＝大正解でございました。
ピーマン
きざんだ
合わせた調味料
水溶き片栗粉
深く考えずどんどん使えるので
クッキン
料理番組みたいにリズムが軽快なの～
宴会時にイチゴを出すときなんかも
あらかじめ頭数に分けておけば……
うちの子はまだ1個しか食べてないのにッ
ほぐ ほぐ
むかっ
私はいいからどうぞっ
このような
不公平や遠慮が生じず平和ですの
他にも……
箸置き
湯せんでバターを溶かしたり
ぷり～ん
気分盛り上げの型としても活躍中!!

ずら〜っ…
寿司桶コーナ、
尺五
尺四
尺三
尺二
尺一
九寸
あは……
うちの適性サイズはどれっ?!
店頭でのもうひとつの悩みどころ、それはサイズ選び。
特に品揃え豊富な店で陥りがち。
こういう店では店員さんからすすめられたものでも
小さすぎるのでは?
と感じて素直に従えない。
で、泥沼からなかなか抜け出せない、というわけですなあ……。
5〜7人なら
こんな風にスタッキングされたざる・ボウル・バットは超ヤバい

6 大きなテフロン鍋（SPINY／ダイヤアルミ）

誰も聞いちゃあくれないが、もし街角インタビューで「あなたにとって救いの道具は？」と質問されたら間違いなく即答するのがこの鍋である。ひとことで言えば、キャベツが丸ごと入る大きめのテフロン加工の鍋だ。

百貨店のエスカレーターをバタバタ駆け降りている時に、たまたまキッチン用品フロア6階の踊り場近くで実演販売されていたのである。とはいえ実演されていたのは鍋ではなく、同じシリーズのフライパンだったのだけれど。

実演のおじさんが焼き上げたサーモンをお皿にするっと滑らせ、フライパンの表面をさらりと拭き取って「ほーれご覧のとおり！」と高々掲げた瞬間、すでに私のセンサーはおじさんの背後の大きな鍋を捕らえていて、一万円ポッキリという値段を確認するやいなや「くださあい」とレジへ突進していたのだった。

あれはおそらく、私のこれまでの人生で最も決断が早かった買い物だと思う。エレベーターを待てないほど急いでいたのによくまあと我ながら感心するが、むしろ急いでいたからこそ躊躇も考慮もぶっ飛ばして「ピンときた勘」だけで即決できたのかもしれない。

いずれにせよ、手入れが簡単で大きな鍋を、私の魂が知らず知らずのうちに渇望していたのだろうと思う。

良いといわれる鍋を、これまでそれなりに使ってきた。

やっぱり炒め物は鉄の中華鍋でなくちゃ。ダシをとるのは銅の打ち出し鍋がいちばん。フランス製のホーロー鍋で煮込んだシチューはさすがの味よ。圧力鍋はガス代も時間も節約できて、食材のうまみも逃がさないんだから。土鍋で炊いたごはんのおいしさときたらもう、あなた。

わかっている。そしてそれらは使ってみれば必ずや、本当に素晴らしい品物であることを実感させてくれるし、使い続けているものもある。しかしそれらが日々の愛用品に至らないこともあるのは、「おいしくできるから」という前提のあとに「重い・高い・手入れにひと手間かかる・料理の種類を選ぶ」といったエクスキューズがついてまわることが多いからだ。

衝動買いした鍋はというと、それは想像以上に使い勝手がよくて、ゆでる・煮る・焼く・蒸す・炒める…と、とにかくオールマイティなのだった。容量が大きいのでパスタやほうれん草をゆでるのもお手のもの、重すぎないのでゆで汁を捨てるさいにも苦労がない。ガラス製のふたの重さや通気孔の蒸気の逃がし具合がちょうどいいのか、煮込みも蒸し料理もうまみを逃さない。焦げないから、デミグラスソースやカレーなどねっとりした料理でもつきっきりでかき回さなくてもいい。大きめのフライパンとして、量が多めの炒飯や野菜を炒めるときもと大活躍だ。

とにかくこの鍋が私の救いとなってくれているのは、こちらの気持ちや事情をいつだって「いいよ」と引き受けてくれるからだ。

うわっ、もうこんな時間になってしまった。おなか空いてるよね。とりあえずキャベツとベーコンを鍋に放り込んでベランダの洗濯物を取り入れよう。あとで缶詰のホワイトソースを入れてクリームシチューにでもするかな。しまった、ストッ

クが切れてる。ええい、油揚げとこんにゃくを加えて「キャベツの煮びたし和洋折衷」ってことにしてしまえ！

そんなトホホな事態を黙々と引き受けて、さらに「今日はもうへとへとなんだ。後片付けはあとまわしにさせて…」と結局布団に倒れこんでしまったような翌朝にもさらりとひと洗いできれいになってくれるのは心底ありがたい。使いはじめて二年でテフロンの表面が少しはげてきてしまったが、うちみたいな乱暴な使い方（スポンジの裏の硬いほうで洗う、金属製のフライ返しを使うなど）をしなければ、きっともっと長持ちするはずだ。

ある日、いつもよりちょっと腫れぼったい顔をした女友だちの話を喫茶店で聞くことがあった。

のどもとまで出かかるあらゆる中途半端な言葉をのみこんで、そのあと私の足が自動的に（でも妙な確信をともなって）向かった先は、例の百貨店の6階だった。

あの鍋ひとつくださいい、のしはいりません。

彼女からちょっと嬉しい報告をもらったのは、それから1週間後である。

「あの鍋にね、ペーターって名前をつけたんだよ」

言わずもがな、「アルプスの少女ハイジ」に登場する山羊飼いの少年の名だ。

日々の暮らしに目が回りそうになったときには、アルムの山へ行こう。

毎日のお弁当が同じチーズと黒パンでも、山羊飼いペーターは心優しく健康な青年に育ったじゃないか。手抜きでもワンパターンでも、笑って食べてるほうがいいってことにしようぜぇ。

緑の牧場で花のじゅうたん踏みしめて、オロレイヤッホッホ♪——

都会暮らしの核家族・兼業主婦・子育て真っ只中と、なにかと共通項が多い彼女とはそんなことを言い合ってよく笑っていたから。なかなかナイスな、モスグリーンのボディにぴったりなネーミングじゃないか。

というわけでうちの鍋は先輩であるにもかかわらず「ペーター二号」で、さらに先日、ぴかぴかの新入り「ペーター三号」が隣に加わったばかり。

取っ手が布や紐《ひも》を通せる形状なのもありがたい。
しゅるっ
鍋ごと料理を持ち運べる
うしし
エビでタイを釣るんだ〜い♪

はみだし
買ってよかった!
1

屋台のお持ち帰り袋(タイ バンコク)

学校のテストの答案用紙

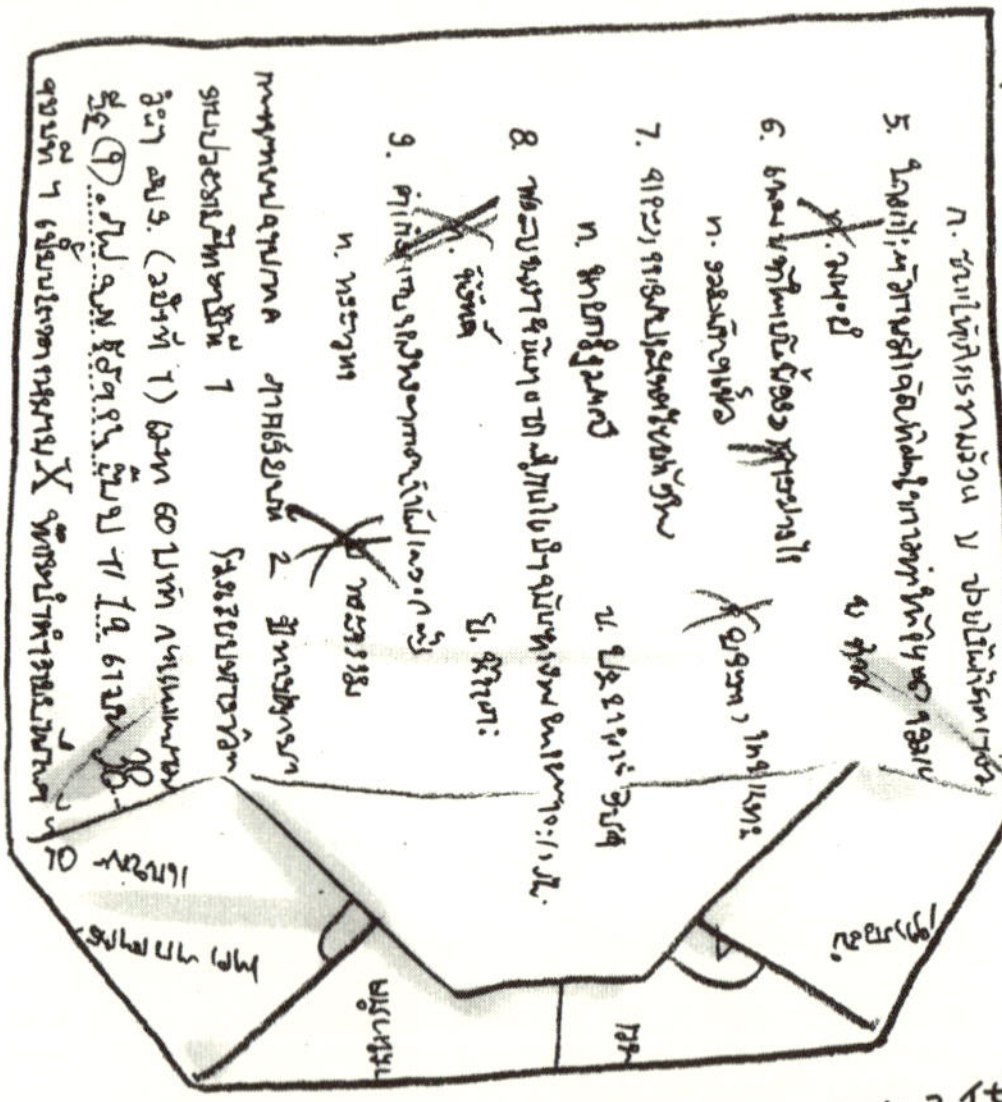

主にわらばん紙で油の吸いもよし。

そのっまんま リサイクル
うひゃひゃ…
む〜〜っちゃ頭悪そう〜 この袋……

タイの屋台でスナック類を入れてくれる袋。このタイプは最近は減りつつあるらしいが…… 個人情報保護の意識のかけらもない大らかさが私は好きだ〜〜ッ!!

市場で50〜100枚まとめ売りされていたのを同じ宿の旅行者たちとシェアしたので値段は忘れてしまったなあ。

第2章

食卓の定番

あなたなしでは
生きてけないの
〜〜〜っ

十二支の竹の箸
ヨーグルトスプーン
小さなトング
透明の耐熱デザート皿
プラスチック製カトラリー180本セット
ステンレス製のコップ

7 十二支の竹の箸

（上海・和平飯店）

食卓の定番 7 十二支の竹の箸

お箸の国・日本の一般家庭のお箸事情は、「家族それぞれデザインも種類も別」「あるものを適当に使ってる」ということが多いと思われる。

それはそもそも日本が「お箸は個人のものを決めて使う＝属人器文化」の国であり、またお祝いやおみやげでお箸を一膳単位でもらうことも多いので、「これはパパの」「これはおばあちゃんの」というふうにバラバラなのは自然の成り行きなんだろう。

が、しかし。つまり本来日本ではそうなんだけれど、「我が家はだれかれかまわず同じ箸を使う大陸方式です」というのがここでの本題である。

中国を主とするアジアの箸文化圏では、家庭でもレストランでもみなが同じ形の箸を使う。テーブルの中心に箸立てが置いてあって、各自が勝手に手にとって食べ始めるのが一般的なスタイルだ。

べつに大陸方式への特別なこだわりがあったわけではなく、たまたま中国で手に入れたものが18膳セットで、使い勝手がいいので箸立てにざっくり立てて日常使いにしていたら20年が経過して、すっかり「我が家では家族も客人もみんながこの箸を適当に使う」ということになってしまったのだった。

その箸がこれ。素材は竹。ヘッドに十二支の動物がそれぞれ彫られている。

子、丑、寅、卯、辰…と、いずれも細部まできれいに彫り込まれた細工には「さすがは中国四千年の技！」とうなってしまうのだが、「十二支なのになぜ18膳なのか」という点についての回答はおそらく「え？　適当に箱に詰めたら18膳だったのヨ」というのが正解であり、そういうアバウトさもふくめて

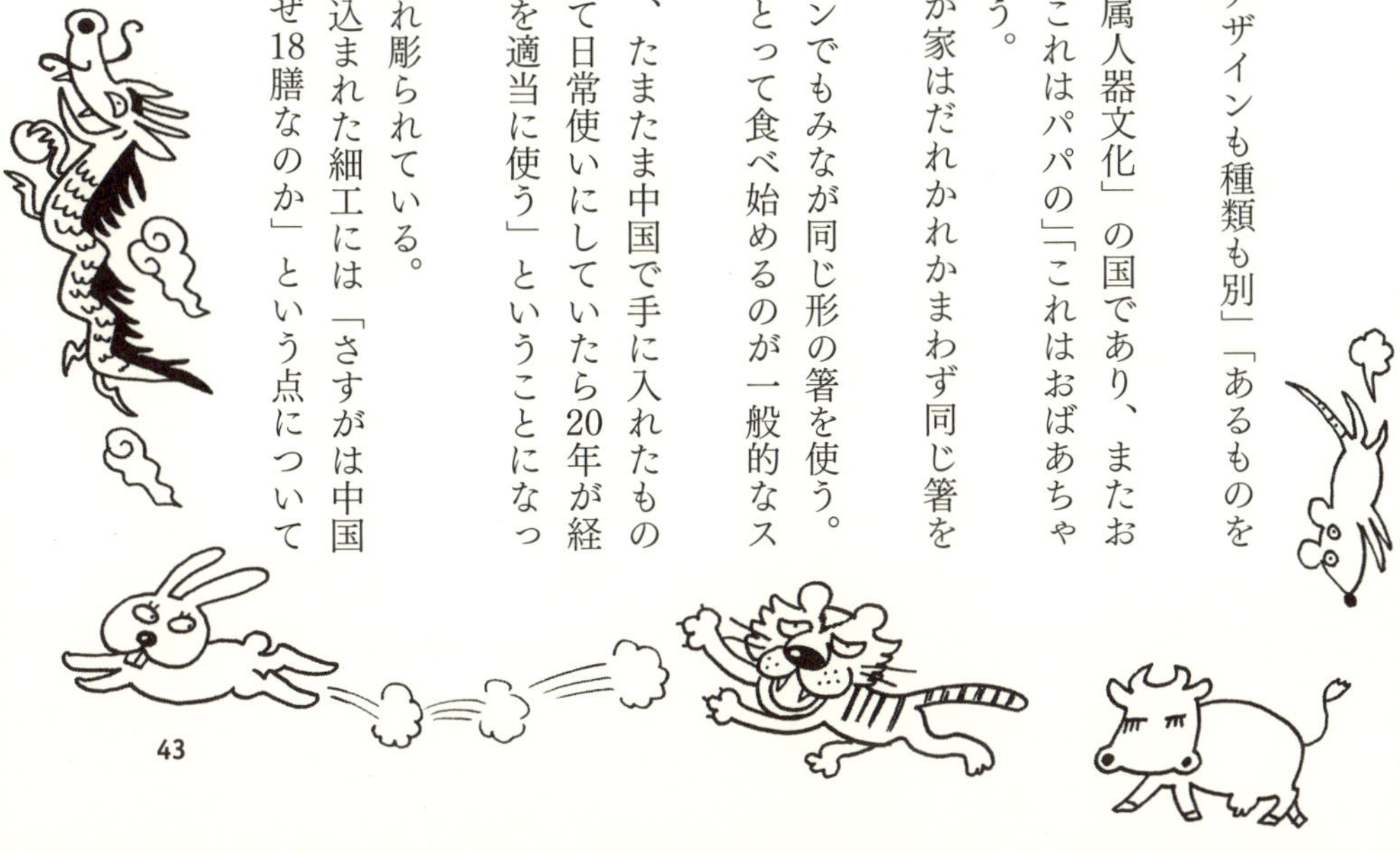

じつに中国的だと思わせてくれる愛しい一品なのである（すなわち動物の種類の数は均等でも偶数でもない）。

学生時代、初めてバックパックを背負って旅した中国で購入した。

大阪港から船で二泊三日かけて上海にたどり着き、泥まみれ・ひまわりの種まみれの40日間を経てふたたびもどった、上海の最終日。「最後の夜だから」と奮発して老舗高級ホテル「和平飯店／ＰＥＡＣＥ　ＨＯＴＥＬ」へジャズの生演奏を聴きに行ったさい、それは薄暗いロビーの片隅のショーケースにひっそりと陳列されていたのだった。

値段がいくらだったのか、そのときの自分にとって高かったのか安かったのかさえ忘れてしまったが、とにかく自宅から交通機関を乗り継げばここまで来れたということ、会うはずなかった人と同じ屋台で同じ箸で同じ麺をすすったこと、バイトでちびちび稼いだお金でそれらが実現できたということ、それらが信じられないような思いのままぼんやりジャズを聴いたことだけは覚えている。

この箸の使い心地というのが、意外なほどよかった。

中国の箸は日本のものに比べると先端が太く長すぎて日本人にとっては使いにくいことが多いのだが（中華レストランでいまいち食を堪能しきれないのは高級すぎる箸が使いにくいせいだと思っている）、さいわいこれは長さも太さも日本人の手にもジャスト・フィット。竹素材の利点か、つまんだものがすべり落ちないのもいい。

食器洗い機にかけつつ長年使っているいるうちに、かまくびをもたげた巳さんが一匹だけもげてしまったが、あとは反りも折れもなく健在だ。つや出しの塗装が若干はげつつあるものの、竹の飴色が増してますますいい味を出している。

おかげさまで、ゲストたちにもおおむね好評。十二支がついていることに気づかない人もいるが、誰か一人が気づけば妙に盛り上がる。

「自分の干支を探そうっと」

「あなた巳だったの？　なるほどだから執念深いんだ」

「子年なら食いっぱぐれがないねえ」

「寅なら松田聖子と同じでしょ」

「やーん、年齢ばれちゃった？」

十二支やら箸やら、あらゆるものが中国から日本へ伝来したとされる頃から、およそ二千余年。

最近は中国の屋台でも、肝炎などの経口感染防止のために使い捨ての箸が推奨されるようになり、かつての「箸立てからガチャガチャ」という光景はどんどん減っているという。

でも少なくとも我が家では、まだこんな感じで盛り上がってますから。

もうこの家の飯は食べません
戻りません
がちゃん
かつて日本の花嫁は自分の茶碗を割ってから実家を出たという。
食器それぞれに人が属する、日本ならではの風習。
（高校の社会の授業で習った、3つだけ覚えてる話のひとつ）
おおお…。

8 ヨーグルトスプーン

（自由が丘の雑貨屋）

自由が丘のおしゃれな雑貨屋を、娘と何の気なしにブラブラ眺めているときに見つけたのが「ヨーグルト用」という珍しいただし書きのついたスプーンである。

数年前に夫が胃を弱めて以来、うちでは宅配のヨーグルトを毎朝食べるのが日課になってはいるが、そのときこのスプーンを求めたのは別段「ヨーグルト用に、夫のために」と思ったからではなくて、たんに透明でぽっこり可愛らしいフォルムに惹かれたから。一本260円という値段も母娘が「これ可愛いよね～」というノリにぴったりマッチしていたので、そのときは三本買った。いってみれば、そんなに深い意味のないただの衝動買いだったわけだ。

ところがどっこい。もはや我が家では、このスプーン以外でヨーグルトを食べる人間は一人もいなくなってしまった。

これで食べたからといって、ことさら「うわあ！」と目を見はるわけではない。ただなぜかこれを使いはじめて以降、うっかりステンレスのスプーンで食べたときには一口目で「ありゃ間違っちゃった」と思い、二口目で立ち上がり、結局引き出しの中からヨーグルトスプーンをごそごそ引っぱり出すようになってしまったのである。

あえて理由を推測するなら、おそらく金属だと舌や唇にヨーグルトの冷たさが伝わりすぎるのだろう。ならばいっそと木製のスプーンで食べてみたところ、これはこれで牧歌的な趣や温かさはあるものの、舌とヨーグルトの距離が遠すぎるというか、ヨーグルトを味わう前に木の感触のほうが勝ってしまう気がする。いっぽうお店でもらえるプラスチックのへらはといえば、ひとすくいの量が少なすぎてもの足りず、舌にあたるカドカド感が気になって仕方ない。というわけで、結局やっぱり「ヨーグルトスプーンのつるんとした感触や適度な厚みがベスト」という結論に至るのだった。

アクリルの透明感がこのスプーンのひとつの魅力なのだが、残念ながら食器洗い機にかけているうちにキズがついて曇ってしまった。またおそらく高温のせいで弱ったのか、使い始めて一年ほどで一本は折れてしまった。日常使いだからついついとはいえ、手洗いして大事にしなくちゃなあと反省している。だって私たちはもう、このスプーンなしではヨーグルトをおいしいと思えない体になってしまったのだ。渋谷の雑貨屋で同じものを見つけるやいなや鼻息荒く「これくださあい！」と5本つかんでレジに突進している自分にはたと気づいたとき、つくづくそう思ったのである。

まあだまされたと思って、見つけたらぜひお試しを。ただし、私たちと同じ宿命を背負うことは覚悟の上で。

もらえるスプーンは薬味用に最適。
ねっとり系の
かんずり

9 小さなトング

（ののじレリッシュトング／レーベン販売）

お客さまを招く日。意外と難しいのが「料理をどう取り分けるか」の手段であるように思う。料理を盛りつけた大皿に、取り箸を添えるか・添えないかについてである。

たとえ気の張らない仲間やご近所さんが集う、「大皿料理をどかーんと置くだけ」とか「持ちよりパーティー」だったとしても。いや、気の張る相手なら必然的に「取り箸は必須」「最初からめいめい皿にセッティングを」となるのだが、むしろざっくばらんな集いのほうがこのあたりの塩梅はかえって難しいような気がする。

初めてうちに招くＰＴＡつながりの保護者。初対面の若い男女が混じる、お見合いのたくらみをふくんだおうち宴会。親しい間柄とはいえ仕事関係者。鼻水をたらした子どもがメンバーに混じっていそうなお誕生日会。

つまりコンセプトは「ざっくばらん」なんだけど、いきなり直箸では馴れ馴れしすぎる気がする、あるいは躊躇するような状況のことである。

お箸の国の人だから、できれば取り箸という美しい慣習に背を向けたくないし、衛生面からもなるべく直箸は避けたい。深く考えずに取り箸を添えればいいのかもしれない。が、取り箸にはなんだかんだと不都合な要素もつきまとうというのが私の実感なのだ。

●お皿からはみだしてスペースをとる（宴会時はただでさえテーブルが狭くなる）。
●取り箸の持ち手の１８０度対極にいる人は、箸に手を出しにくい。
●粒コーンやひよこ豆、プチトマトなどが入った野菜サラダはお箸では取りにくい。
●シュウマイなどをお箸で取りこぼし、別のおかずの上にボチャンと落とす事故が多発（小皿で迎えに行かない人は意外と多い）。

ではトングはどうかというと、これまた一長一短だったりする。
●先がスプーン状になったものはポテトサラダなどがくぼみに入り込んでボテボテになる。
●ステンレス製で重いものは、お皿の上でバランスが崩れて「がしゃん!」と落ちやすい。
●ものをはさむのに意外と力を要し、子どもがあまり上手に使えない。
また値段が一本千円以上するものが多いのもネックで、「おかずの取り分けにそこまでお金をかけてられないよ〜」とも思うのである。

そんなもとに現れた救世主が、この「ののじ」というシリーズのミニサイズのトングだった。生協のカタログでみつけたときには「かわいいじゃん」というぐらいの気持ちでまず一本購入したのだが、なんのなんのというわけですぐ買い足して、現在は三本をフル活用中だ。

全長約14センチと小ぶりで軽く、あらゆるサイズのお皿の脇にひょいと乗る。いくつ並べても邪魔にならない。じゃんけんのパーみたいな形状はプチトマトをつかむのも、麺類を適量取るのもじつにうまい(適量というところがミソ)。またこの部分はフラットで凸凹がないため、ラザニアやポテトサラダも比較的スムーズに離れてくれる。

でも何より感心したのは、これまで使ったどのトングよりも軽い力でものをはさめるから、小さい子どもでも簡単に扱えるという点だった。「ののじ」の製造元はユニバーサルデザインの食器を多く手がけているらしいので、扱いやすさは単に「サイズが小さいから」だけではなさそうだ。

一本630円と価格もお手頃で、「一生ぶんのホームパーティーを快適にする経費」と割り切ってまとめ買いできる。そんな勢いと、確実にスムーズになったざっくばらんな集いの時間を、このトングがもたらしてくれたのである。

ののじ君たちがわしゃわしゃと
散らばっている食卓の光景は、
なんとなく愉快でよろしい。
つまむでぇ〜
働くでぇ〜
おうっ

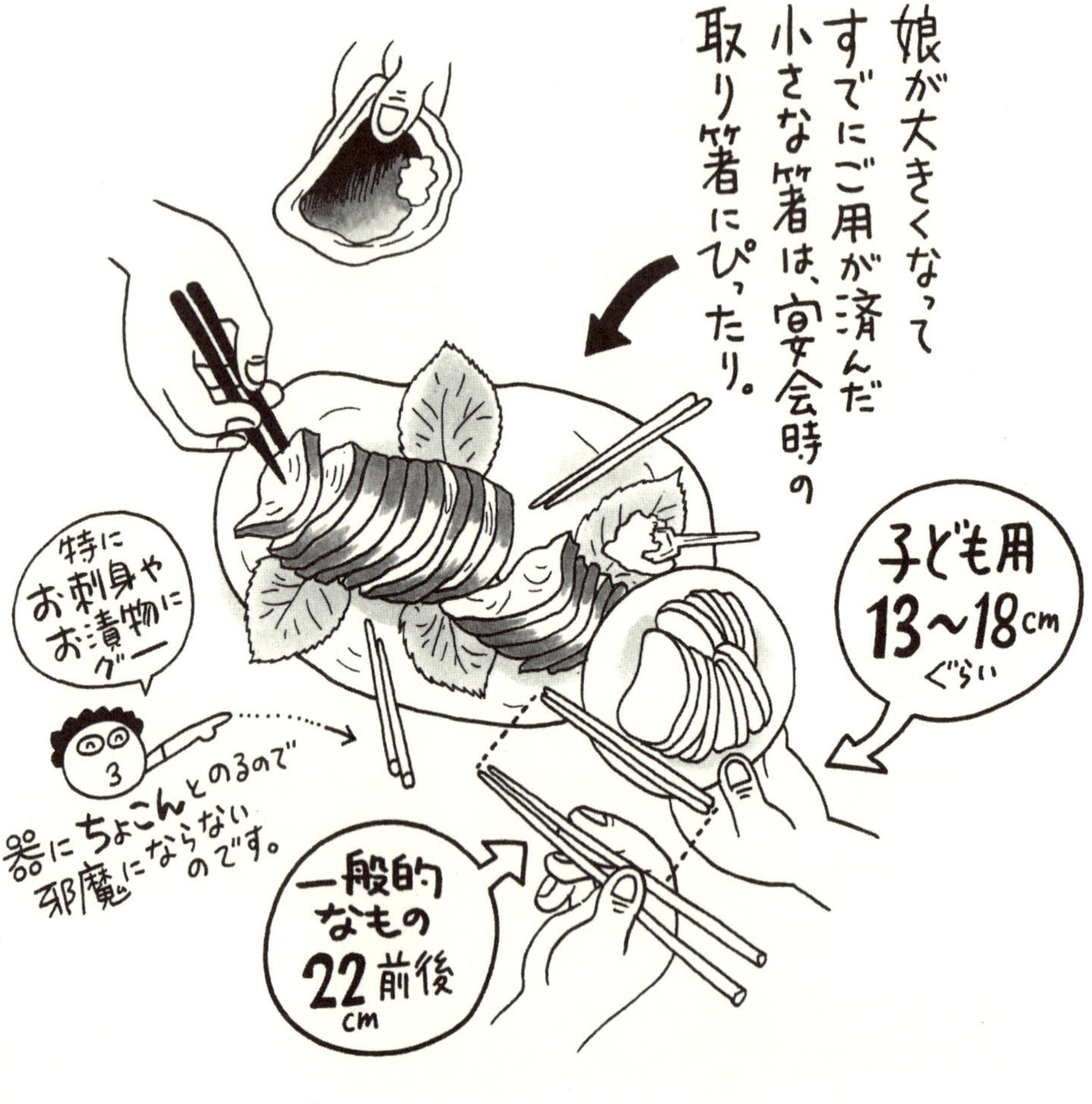
娘が大きくなって
すでにご用が済んだ
小さな箸は、宴会時の
取り箸にぴったり。
特に
お刺身や
お漬物に
グー
3
器にちょこんとのるので
邪魔にならない
のです。
子ども用
13〜18cm
ぐらい
一般的
なもの
22cm前後

いちばん小さい豆サイズが最適
13mm
1個10円ぐらい。
我が家では事務用品のダブル・クリップをグラスマーカーとして活用しております。
自分のグラスにぶら下げる目印のことね
社公界の必需品ですわ
無地のシールに名前や絵を書きこむ
あけみ
アルミ
生
好みのシール
貼るだけ
心配するまでもないかしら……
ただし使用は缶や安物のグラスだけになさいませ
ほほほ……

10 透明の耐熱デザート皿（アルコロック）

「なぜ山に登るかって？　そこに山があるからだ」と、登山家マロリーは言った。

「なぜ紙皿を使うかって？　そういうもんでしょ普通」と、宴会の幹事は言った。

登山家の名言を引っぱり出してきて語ることではないかもしれない。が、すでに世間で認められていることや、もはや当たり前とされている常識や慣習、それを一度は疑ってみてもいいんじゃないかと言いたかったのである。

山があるから登るべきなのか、その答えはわからない。

でも紙皿に関してはさてどうか、宴会で使う食器は紙皿がベストなのか、いいやそうは思わないぞ、というのが現時点での私の結論なのだ。

宴会で紙皿を使おうとする人の言い分は、たいていこんな感じだと思われる。

「だってたくさん人が集まると、後片付けが大変じゃん。紙皿なら捨てるだけだし」

それはそう。確かにそう。ホストが皿を洗う手間を省き、ついてはゲストの「申し訳ない」という精神的負担も軽減してくれるのが、紙皿の最大のメリットである。

ただし、それ以上でも以下でもない。むしろそれ以外は不都合なことのほうが多いと感じるのは、さて私だけだろうか。

まず、強度に欠ける。

食べ物には意外と重量があるものが多いので、たとえば肉団子やおにぎりといったボリューム感のあるものは必ず紙皿の中央に置かねばならない。もしうっかりへりのほうに乗せてしまうと紙皿はたわみ、持つ人は「おっとっと」と手に神経を集中させて、それを口に運ぶまでずっとバランスを保つはめに陥ってしまう。

たわんだへりからシュウマイが落下したり、へしゃげた部分からハンバーグのデミグラスソースなどがこぼれ落ち、「きゃあ、ごめんねごめんね」「いいのよいいのよ」「ふきん、ふきん」といった惨事に至った経験を持つ人も少なくないはずだ（ことに子ども客を含む宴会で頻発する事例）。つまり本来お皿に不可欠な「フラットな状態」を保つのが、紙皿は苦手なのである。

さらに、意外と枚数を要する。

紙皿を使うといえば、屋外でのバーベキューか、ざっくばらんな仲間との持ち寄りホームパーティーと相場がきまっている。

バーベキューならまだいい。タマネギも肉も同じ焼き肉のタレでいただくし、せいぜい別の味が加わるとしても〆のソース焼きそばぐらいなので、つまり最初から最後まで「焼き肉のタレ味」に染まった一枚の皿で通したところで支障はない。しかし、おうち宴会の場合はそうはいかないではないか。

Aさんが持ってきたのはチキンのクリーム煮。Bさんはベトナム風春雨サラダ。Cさんはデパ地下で奮発してフランス直輸入のブルーチーズを買ってきてくれた。Dさんは姑さんが早起きして作ってくれたというカツオのたたきを披露して「おおお」。

これを一枚の紙皿でいただくなんてのはもはや不可能で、おのずとホストは「味が混じっちゃうからどんどん新しいのを使ってね」とすすめることになるのだが、ゲストは「いいよいいよ、まだ大丈夫」と遠慮してクリームソースをフォークでそぎ落としたところにカツオのたたきを乗せたりする。するとそれを横目で見ていたカツオ持参のDさんが内心「むっ」。

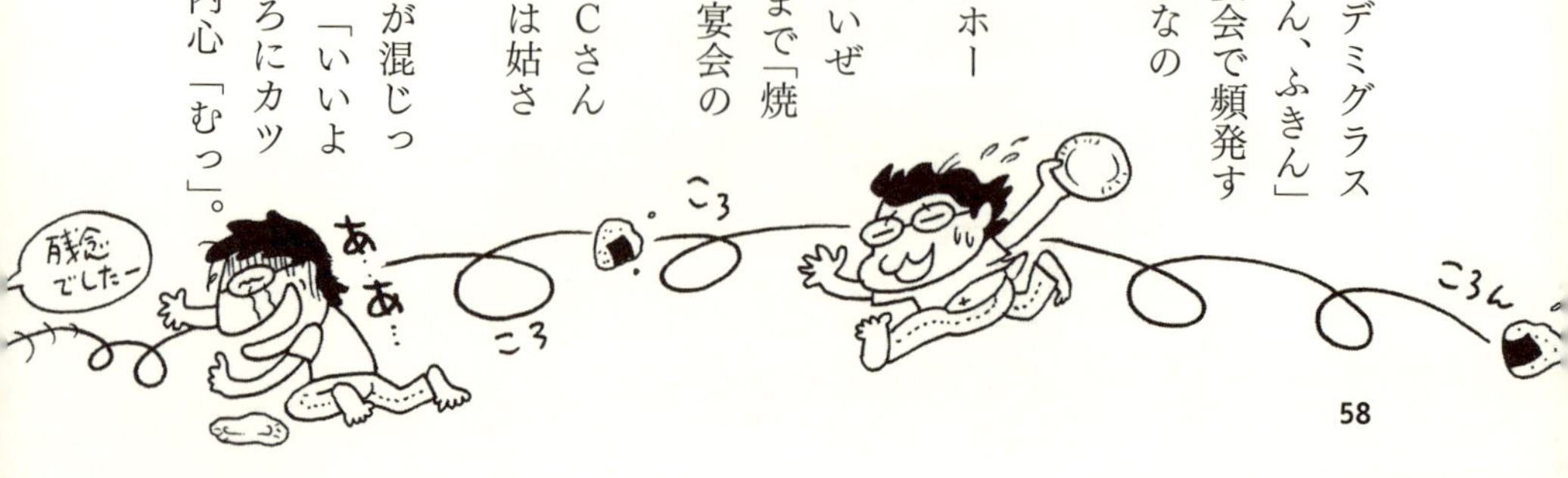

ない話ではあるまい。

これはなにも紙皿に限らず、ふつうの皿でも起こりうる展開ではある。しかし「これっきりで使い捨てるのはもったいない」という罪悪感、「5人だから10枚でいいかな、念のため20枚かな」というホストの百円ショップでの苦悩、「たとえ防水コートがしっかりした高品質のものを選んでもしょせん使い捨て」というトホホ感などは紙皿特有のものであり、そんなストレスを感じるぐらいならいっそふつうの皿を使えばいいんじゃないかと思うわけである。

紙皿はあまり使いたくない。だけどそのお気楽感覚はほしい。

というわけで我が家が導入したのが、この透明のデザート皿。アルコロックというフランスのメーカーが生産しているガラス耐熱皿の「コスモス」という定番シリーズだ。アルコロック製品は日本では広く普及しているので、同じメーカーのグラタン皿やボウルを持っている人は多いんじゃないだろうか。

決め手となったのは、まずすっきりしたデザイン。透明かつシンプルなので、和洋中のジャンルや季節、ゲストの年齢・性別を問わず使うことができる。サンドイッチだろうが巻き寿司だろうがカツオのたたきだろうがタルトだろうが、なんでもこいである。

サイズは一般的な紙皿よりひとまわり大きめの直径約20センチ。これより大きい直径約23センチのミート皿だと、めいめい皿としてはちょっと仰々しいかもしれない。分厚すぎず、またフラットに近い形状なので重ねてもコンパクトで、食器洗い機のバスケットにも一度にズラッと効率よく並べることができる。

そして何より、ネット通販で一枚360円という安さが魅力だった（市価460円、ネット通販では360円前後）。「一気にまとめて買っちゃえー」という勢いを持てたのはそのおかげだ。最初は8枚買って、日常でも多用するようになったので4年後に6枚を買い足した。

「たった14枚？　ときどき取り替えて、デザートにも使うとなると、宴会中にどんどん洗ってかなきゃ間に合わないでしょうに」といった指摘が入るかもしれない。でも私のこれまでのホスト経験から思うのは、皿洗いぐらい手伝ったほうが招かれたほうもかえってリラックスできるんじゃないかということだ。高級で繊細な皿ならまだしも、この皿なら「重ねて運んで」「洗うから拭いて」「そのへんに置いといて」という具合に、頼むほうも手伝うほうも気兼ねいらず。少なくとも私にとっては、「汚れた紙皿を回収して45リットルのゴミ袋に入れて」なんてことを頼むより気楽でもある。

蛇足ながら、我が家ではこの皿を「紙皿取って、紙皿」というふうに呼んでいる。

紙皿のストレスをすべて払拭する究極の皿を求めたらこれに行き着いて、客人に「これがうちの紙皿なんざます」「どんど

ん使って下さいねえ」と喜んで解説するうちに、抜けなくなってしまったのである。へんてこだって、わかってはいるんだけど。

洗い物班だけで交わすこんなひそひそ話もまた楽し。
さっきはああ言ってたけど本音のところはどうなのさ
へっへっへ実はねえ…
じゃ

11 プラスチック製カトラリー180本セット

（プレイリー・パッケージング社）

どうもついてけない。でもアメリカ的な、あのノリは客観的には好きである。

「ねえダーリン、隣に越してきたヘギンズさん一家を誘って、週末はキャンピングカーで郊外へ出かけましょうよ！」

「いいねハニー。昼は川遊び、夜はバーベキューだ！　おっと、ヘギンズさん一家に菜食主義者はいなかったのかな？」

「ふふっ、ちゃんと確認済みよ。ダイエット中のお嬢さん以外は肉ＯＫですって」

「うーん、いい子だ！　さっそく買い物に行かなくちゃね。肉15ポンド（約6・8キロ）にビール8ガロン（約30リットル）で足りるかな？」

以上はアメリカにうとい筆者が勝手に作り上げたイメージだが、グアムの巨大なスーパーマーケットの中をカートを押しながら歩いていると、そんな会話が本当に聞こえてきそうな気がしたのだった。

ビールにジュース、ポテトチップにシリアル、お肉、ケチャップ、アイスクリーム、洗剤、靴下に至るまで。1ボトル、1パック、1ケースのスケールがとにかくでかい。アメリカの自治州で、食料も生活用品もほとんどを輸入に頼るグアムだから棚に並ぶ商品にもアメリカ製が多く、「超お得ファミリーパック！」「たっぷり大増量！」「一箱分の値段でもう一箱おまけ！」といったアメリカ流バリュー方式の煽り文句が躍るのもまた当然なのだった。たしかに一個あたりやグラム・ミリリットル単位に換算すると、びっくりするほど安い。

でも「いいな〜」と思いつつも、日本人にとっては「使い切れるわけないだろう」「持って帰れるわけないだろう」というものばかりで、結局ほとんど空のままのカートを押し続け、せいぜい義理みやげのマカデミアナッツチョコをまとめ買いするしかないのだった（きっと頷いてる人は多いはず）。

そうか、これはショッピングというより社会見学なのだ。

それでもやっぱり何も買わないのは悔しいわ、せめて記念にと購入したのが、フォーク60本・スプーン60本・ナイフ60本が入ったカトラリー180本セットである。

無色透明のプラスチック製。日本円にして1400円ぐらい。直訳すると「だだっぴろい大草原＋包装」となる名称の製造元「プレイリー・パッケージング社」は、その名のとおりアウトドアやテイクアウト用のプラスチック食器を多く手がける会社らしい。ほーお、いかにもメイド・イン・USAって感じじゃないの。

でもとにかくうちにはアウトドアの趣味はないし、一度に60人のお客さんが来ることも、パーティーのできるガーデンもないんだけど、まあポチポチ使うことはあるでしょうよ、というぐらいの気持ちだった。

ところがこれが、思いのほかよかったのである。

まずは品質。プラスチック＝使い捨てと思い込んでいたのに、そうではなかった。樹脂がみっちり濃い感じで、コンビニなどでもらえるスプーンみたいなあのわびしい軽さがない。毎日使ってるわけじゃないとはいえ、食器洗い機にもバンバン放り込んでの使用ですでに10年目に突入したんだから、あっぱれではないか。

さらに量の恩恵。4〜5人を超える客人を招くときにはこれらとお箸をがっさりテーブルわきに立てておくのだが、これだけ量が多いともはや誰も遠慮せず、たったか使って必要とあらば取り替えて、というのをセルフでやってくれる。

誰かが「レバーペーストを持ってきたの」と言えばナイフ、「そろそろアイスにしよう」と言えばスプーン、子どもが床に落としたら誰かが別のきれいなものをサッ。そのたびいちいちホストが腰をあげなくて済むのは、むしろ客人にとって気楽なのかもしれないなあと、このセットを手に入れてから感じている。

「よかったねえ、ハニー。日本でもアメリカのカトラリーが活躍してるって」

「本当ね、ダーリン。そうだわ、今度彼女たちをうちへ招きましょうよ。腕によりをかけてアップルパイを焼くわ。ダーリンはローストビーフを担当してね！」

えーっと、それはアメリカン・サイズでなくて、ほどほどでけっこうですので。

どしどし
お使い
下さいな。
これでもう誰も遠慮などできまい
かっかっか……
いっそこんなのを貼るのもおすすめです。

こともなげに
ど〜ん……
家庭用
たいまつ
お買得パック
SUPER VALUE
5+1 FREE!!
GARDEN TORCH
どへ〜っ
グアムの巨大スーパーで
"そうだこれはショッピングではなく
社会見学なのだ!!"と
悟った瞬間。
何を悟ったのかしらね ダーリン?
何はともあれ お祝いしなくちゃ ハニー

12 ステンレス製のコップ（インド・チェンナイ）

我が家で「世界一おいしく麦茶を飲めるコップ」と認定されているのが、インド料理やタイ料理の店でもよく見かける、薄くて軽いステンレス製のコップである。9年前に南インドのチェンナイの金物屋で購入した。現地では水やヨーグルトドリンクのラッシーを飲むときによく使われているが、日本の夏、風呂上がりにこれで飲む麦茶ときたらそれはそれはおいしいのである。がちゃがちゃっと氷を入れて、濃い目に煮出した麦茶を表面張力ぎりぎりいっぱいまで注ぐ。コップ全体にさーっと水滴がつく。手に取り口に運ぶと、皮膚も唇もはりつかんばかりに冷たくてキーン。滴が手につたわり落ちてくるのをおかまいなしに、ゴキュ、ゴキュ、ゴキュでプハー…。この麦茶の喜びを体験できるのが日本人だけだとすれば、インド人には申し訳ないやら気の毒やらという心境だ。

さてここで唐突ながら、隣町に住む友人の息子・N君という男の子の話である。

N君のことは保育園時代からよく知っていた。うちの娘より年齢はふたつ上だが、二人は小さい頃から一緒によく遊び、お風呂でもキャーキャー盛り上がっていたものだった。

その友人の身辺にちょっとぐるぐるした事情がふりかかってきて、N君がちょくちょくうちの泊まり客となった時期がある。たしかN君が小4の頃だ。

女系家族で育った私は男の子というものに接した経験がほとんどなかったが、さいわいN君は愉快で快活でよくなついてくれたから、私はただただ「近所のおばちゃん」の役割を満喫していればよかった。

「できれば好かれたい、話のわかるおばちゃんと思われたい」という下心のあるおばちゃんは、たびたびずるい手段を使ってポイントを稼ごうとしたものだが、そのひとつが、お風呂へ冷たい麦茶を運んであげる「喫茶出前サービス」である。

お風呂で素っ裸で麦茶を飲むなんて行儀がいいとは言えないから、親には申し訳ない。でも彼が来ているときだけ「まあいいじゃん」と寛容なおばちゃんになれるのは私にとって、ふだん口をとがらせて母親している自分をほんの少しゆるめられるひとときでもあったのだ。

やがてN君が中学生となり、民宿おばば&おじじの出番が自然とフェイドアウトして久しい、そんな夏のある昼下がり。ひさびさに玄関先にN君が現れて、紙袋をぐっとつき出した。

「これ、おじいちゃんから」

紙袋の中にはトウモロコシやナスが山盛りぴちぴちに輝いている。N君のおじいちゃんはこうして、たびたび私たちに心を遣ってくれるのだ。

それにしてもN君、大きくなった。初めて見る制服姿のN君は体の薄さはあいかわらずだが、縦方向に拡大コピーをかけたように長くぐぐーっと伸びている。それになんだか、声も低くなったぞ。

「おお男子中学生よ、ご苦労ご苦労。まあお茶でも飲んでいきなよ」

照れかくしのためにおばちゃんが差し出したのは、例のコップに注いだ麦茶である。

無言で受け取って、一気に飲みほして。

はぁと息をついた男子中学生は、そしてつぶやくように言ったのだ。

「やっぱりうまい」

「世界一」の認定大臣は、じつは男子中学生だったという話。

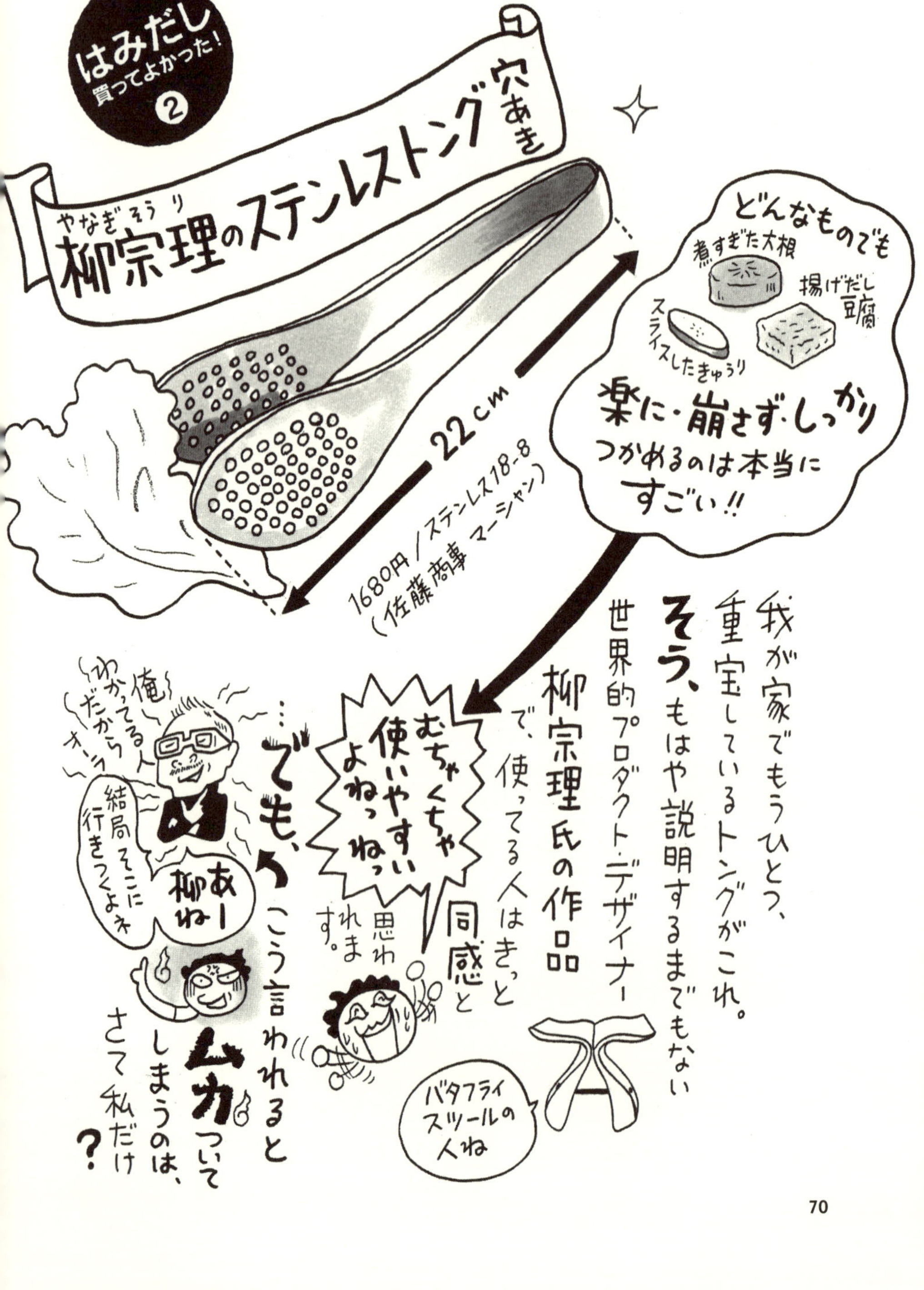

はみだし
買ってよかった!
②
柳宗理《やなぎそうり》のステンレストング
穴あき
22cm
1680円／ステンレス18-8
（佐藤商事 マーシャン）
どんなものでも
煮すぎた大根
揚げだし豆腐
スライスしたきゅうり
楽に・崩さず・しっかりつかめるのは本当にすごい!!
我が家でもうひとつ、重宝しているトングがこれ。
そう、もはや説明するまでもない世界的プロダクト・デザイナー
柳宗理氏の作品
で、使ってる人はきっと同感と思われます。
むちゃくちゃ使いやすいよねっねっ
バタフライスツールの人ね
…でも、こう言われるとムカついてしまうのは、さて私だけ？
俺わかってる人だからオーラ
結局そこに行きつくよネ
あー柳ね

第3章
きもちいいを導く立て役者

白いバスタオル
ボディ用の亀の子束子
洗濯物干しハンガー／引っぱリンガー
青森ヒバの抽出留液／翌檜香
ハケほうき

13 白いバスタオル

（ホットマン）

かれこれ12年前の話。生まれた娘の出産祝いをくださった方たちに内祝いを贈ろうと、新宿の老舗百貨店へ向かった。

こういうときはやっぱり、なんだかんだいって百貨店なのである。通販でも量販店でも同じ品物が安く手に入る可能性がある昨今、もはやナンセンスと笑う人もいるみたいだ。でも、老舗の包装紙にうやうやしく包まれた箱が玄関先に届くときの「おっ」というあの感じ。プリンターによる印字ではなく、墨汁の文字がしたためられたのし紙から漂うきっちり感。ふだんの不義理を棚に上げ、せめて人生の節目にはとそれらに助けを求めるのだ。

品物はタオルにしようと決めていた。じつはそう決めた根拠は「贈り物」という豊かな言葉の響きとはまるで対極にあるような、消去方によるものなのだけれど。

●食器や食べ物は好みが分かれるから、今回はパス。
●新生児を抱えてあちこち売り場をかけまわる余裕はないから、同じアイテムで統一。
●老若男女に受け入れられるものが無難。

すなわちタオル。タオルなんて、贈答品が多いお宅には腐るほど余っていることも予測できる。でもたとえ誰かに譲るにしてもバザーに出すにしても、新品のバスタオルならわりと融通がきくはずだと、これまたありきたりな言い訳である。

さて売り場に行くと、きっちりと角をたてて折られた数百種類のタオルが我々を手招きしていた。

さあさあ、どれをお包みしましょうか。色とりどり。サイズさまざま。アーティスティックなもの、ブランド名を大きく刺繍したもの。台所の手拭き用、

赤ちゃんの風呂上がり用と、用途を限ったアイデア商品も多数取り揃えてございます。

目移りはするけれど、我々には幸い予算という枠が限られている。とにかくシンプルなものをとしぼり込むうち、あるひとつの棚にたどり着いた。

「こちらのタオルは、最高級のモロッコ綿が原料でございまして」

熟年の、男性の店員さんがさりげなく近づいてきて教えてくれた。

「軽くてやわらかくて、小さなお子さまの肌にも安心です」

「ほかのものと比べると、ちょっとお高いですね」

「さようでございます。でも、それだけの値打ちがある商品ですよ。乾燥機のダメージにも耐えるようにと織り方も縫製も工夫されております。洗濯を繰り返しても痩せませんし、むしろ風合いや肌触りが良くなっていきますよ」

ふーん。ずいぶん都合がいいのねえ。

そこで私は、ちょっと意地悪を言ってみたのである。

「風合いがよくなるって…ご自分で使った経験がおありなんですか？」

すると彼は、よくぞ聞いてくれたとばかりに即答したのだった。

「はい。わたくしがタオルをさわり始めてはや20年。このシリーズはすでに7年ほど使い込んでおりますが、自信を持っておすすめできる商品です。さすがに最初に買ったものは犬小屋のほうに譲ってしまいましたが、それでも端はほつれません」

ああ、ならばこれにしようと即決である。

さて次は色選びだ。送り先のリストを見ながら「〇〇ちゃんはピンク系かな」とか「あの家には茶色が似合う」とか考えてみる。でもこれが、思いのほかスムーズには運ばないのだった。色の好みやイメージが、いまいちつかめない人もいるからだ。

「うーん。やっぱり紺とかベージュが無難なのかなあ。汚れも目立たないし」

ちょっと大きめの声でつぶやいたのは、つかず離れずの場所にいるさきほどの店員さんに背中を押してもらいたかったからだ。案の定、彼はすぐに反応してくれた。

「汚れが目立たない色はたしかに人気がありますよ。でも……」

彼はやわらかく、しかしきっぱりと、こう続けたのだった。

「タオルはやっぱり、白が気持ちよろしゅうございますね」

以来12年。うちのベランダにはためくバスタオルはいぜん頂き物の花柄や景品系が主流だが、新たに自分で買い足すときには迷うことなくこのタオル。色は当然白である。

無難だからの白ではなくて、気持ちいいから選ぶ白。

「タオルはやっぱり、白が気持ちいいんだよねえ」と物干し台の前でパンパンやりながら叫ぶ、わかってるんだかなんだかなーの娘12歳。

しみじみ感じるタオルの白さ、そして百貨店の値打ちである。

14 ボディ用の亀の子束子《たわし》

（亀の子束子西尾商店）

イラスト・ルポの仕事で、亀の子束子の工場を訪れたことがある。東京は北区滝野川の亀の子束子西尾商店。明治40年創業の老舗だ。

束子といえば「亀の子」が代名詞みたいになっているが、じつは「亀の子束子」という名称は約百年前にこの束子を発案したこの会社だけの登録商標であること、原料はパーム椰子のココナッツの殻をふやかして採取した繊維であることなどを、このとき初めて知った。

束子を作って約50年、今ではおもに外国の工場での技術指導や実演販売にあたっている五十嵐輝己さんが、目の前で作って見せてくれた。針金と針金の間にパーム繊維をはさんで専用の機械で固定してくるくるっとハンドルをまわすと、針金がねじれてあっと言う間にハリセンボン状態の棒になる。繊維の先を揃えてカットしてU字に曲げれば、おなじみの「亀の子束子」ができあがりというわけだ。くるくるっの工程は簡単そうに見えるが、私がやってみると、寝起きのヘビメタ歌手の髪形みたいにバサバサになってしまった。

しかし何より私の印象に残ったのは、五十嵐さんのお肌のあまりにも血色の良いツヤツヤっぷりであった。もう七十を越えておられるのでお年相応にしわはあるとはいえ、肌の芯からぷりんぷりんとはじけるように輝いているのである。

「はあ、それはそれは。まず、仕事が楽しいということもありますが」

ふむふむ。

「やはり、束子の効果でしょうか。お風呂で体をこするだけですけれど、血行が良くなります。そういえばこの工場に勤めていた私の母も、〝出荷前の束子の山の上で昼寝すると疲れがとれるわー〟なんて、よく申しておりましたね」

工場内を案内してくれた濱田さんという女性があまりにも薄着なのにも驚いた。工場を訪れたのは12月、しかも冷たい雨がそぼ降る日。吐く息が白い工場で、私がダウンジャケットを着込んでいるにもかかわらず、濱田さんは薄手のブラウスに軽めのテーラードジャケットを羽織っただけで平然としているのである。

「あ、あの、濱田さん、森さんは寒くないんですか?」

「あらいけない、濱田さんは寒いですか?」

聞くと社員に束子マッサージが強要されているわけではないが、ほとんどの社員がおのずと実行するようになるという。

「風邪を引きにくくなったり、おなかまわりのマッサージで便秘が改善されたり…最初は自社製品ぐらい使っておかないとという感じでみな始めるんでしょうが、結局調子がいいのでやめる者がいないというか」

ただし…

「ちょっと困ることもあるんです。我が社では〝風邪気味なので休みます〟っていう仮病が不自然で、ずる休みができないんですよ」

束子マッサージはいわゆる台所で使うふつうの亀の子束子でもOKだが、この会社ではボディ専用の商品も販売している。これには四段階の固さがある。

①サトオさん→サイザル麻、白。初心者向け。もっともやわらかい。

②タムラさん→サイザル麻とパーム繊維のミックス。白と茶色のしましま。やや固い。

③ナリタくん→シュロ、茶色。固い。

④ニシオくん→ホワイトパーム繊維、ベージュ色。もっとも固い。

不思議なネーミングは、「事務の佐藤という女性が色白だったので」「社内の色黒ナンバーワンが営業部の成田」といったお茶目な理由によるものだそうな。最高峰のハードな束子は、社長さんの名前。ふふふ。

というわけで、うちでも使い始めてもう3年になる。毎日ではなく、「さあ今日はしっかり洗うぞ」と気が向いた日に石鹸をつけてシュッシュッシュッ。お風呂場から「おーいお願い」と声がしたら「背中こすって」のリクエストだ。この快楽のために、家族はお互いにご機嫌を損ねるわけにはいかないのである（なお、手助けがなくても自力で気持ちよく背中を洗える紐付き商品もある）。健康のためにというよりは、あまりにも気持ちがいいのでもはややめられないという感じなのだが、たしかに、明らかに風邪を引きにくくなったという実感がある。

娘はサトオさんを卒業し、私が半年ほど使い込んでやわらかくなったタムラさんで慣らし期間中。夫はすでにナリタくん愛用者で、「早くニシオくんを使うハードボイルドな男になりたい」と夢見ている。他社の製品を使ってみたこともあるのだが、次には必ずまた亀の子束子に手が伸びてしまうのが不思議なところだ。ごぼうの皮も以前は包丁の背中でこそげていたが、亀の子束子で泥と皮をこすり落とすのがいちばん簡単でおいしいとわかってからは、台所も亀の子一筋である。

それにしても、ああ。我々が束子マッサージ愛好家であることを、とうとう公表してしまった。「ちょっと風邪気味で」の言い訳や仮病は、もう使えなくなってしまったというわけね。あーあ。

亀の子束子《たわし》ができるまで
五十嵐さん
1 ひ字の針金を下の台にセット
2 素材を均等にはさんで
3 一気にハンドルを…
くるくるくるっ
するとこうなる
すばらしく均等っ!!
熟練の技を極めた感慨はあるかって?
へ?
いや〜べつに〜仕事だもん
4 ぐいっ
…部にしゅろひもを巻きこんでぐいっと曲げて仕上げ〜。
ワタクシが挑戦するとね
バサバサ
50年近く束子を作り続けた五十嵐さんが永眠されたことを最近知った。五十嵐さーん、やっぱ亀の子がサイコーですわ ホンマ。

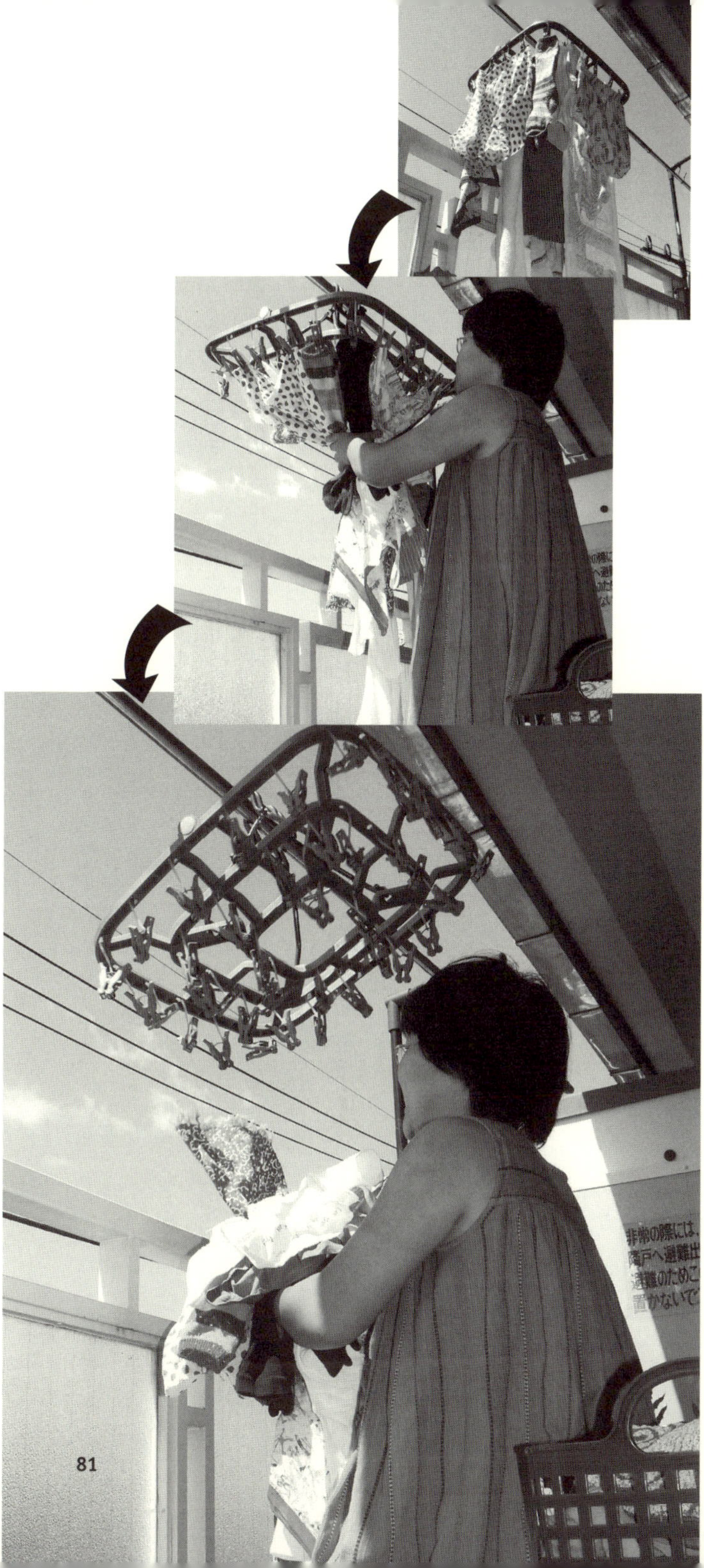

15
洗濯物干しハンガー／引っぱりリンガー

（エヌケーグループ）

44個のピンチがじゃらじゃらついた、いわゆる洗濯物干しハンガーなのだが、じつはこれには他のハンガーとは違う画期的な特長がある。

乾いた洗濯物を取り入れるとき、ぶらさげた洗濯物を下に引っぱるだけですると はずれる仕組みなのだ。要するにいちいちピンチをつまむ必要がなく、44個のピンチにぶらさがったパンツや靴下をガバッと抱き抱えて、せーの、バチャバチャバチャッで一気に取り入れ完了というわけ（軽い力ではずせるのに強風でも洗濯物が飛ばされないのが不思議なところ）。

今でこそ惚れ込んで、毎日ベランダで「ありがたやありがたや」と手を合わせているが、10年前、店頭で購入に踏み切るのは賭けであった。だって値段が3980円もした。同じ売り場に並んでいるいわゆる一般的なプラスチック製のものは900円ぐらいから、高くても2000円程度。はたして倍近い金額を出したところでそれに見合う価値があるのか。えてしてこういうアイデア発明品系のものは「あっぱれ」と思うのは最初だけで、いつのまにか使い慣れたスタンダードなものに戻ってしまうようなことも多いし、同じ値段を出せば隣に陳列されている総ステンレス製のスタイリッシュなものが手に入るということもあって、迷った迷った。

結局決め手となったのは、パッケージ写真の女性の人相だった。

メガネ+ひっつめ髪の「いかにも主婦！」という風貌の女性は、おそらくモデルさんではない。社員かもしれない。その女性が洗濯物を一気に引っぱりはずしている顔があまりにも楽しそうで嬉しそうなものだから、その顔に3980円賭けたのである。結果、それがよかった。

夕方、出先から家に戻ると、すでに炊飯器から「もうじき炊けまっせ炊けまっせ」と言わんばかりに湯気がシューシュー吹き出している。ええとええと、そうだ今日こそはすでに芽が出はじめたジャガイモに着手しなければ。おっと、今日は生協も来てるんだった。留守番電話の「メッセージ来てますランプ」が点滅してる。こんなとき、指輪はずして・手洗い・うがいという行程をすっとばしてじたばた駆けつけるのは結局ベランダであって、ここで洗濯物を取り入れることで、焦ってゾワゾワする肛門あたりがようやくちょっと落ち着くものではないか。

　せーの、バチャバチャバチャッ。はーい、取り入れ完了っ！

　この勢いに、どれほど救われてきたことだろう。家事の効率化とか合理化とか、ただそれだけではない。なんというか、家事に勢いをつけてくれる「おほほほほ」感みたいなもの。メリー・ポピンズや「奥さまは魔女」のサマンサが呪文ひとつでくるくるっと家事を片づけてしまうような軽快さが、あのパッケージの女性の嬉しそうな横顔が、誰も助けてくれない黄昏どきの憂鬱をわずかながらも「おほほほほ」に変換してくれるのである。

「本体は20年はお使い頂けます」という説明文に違わず、使い始めて10年たっても本体にはひとつの故障もない。ベランダに出しっぱなしのプラスチック製品は風雨にさらされるうちに表面が粉っぽくなるものも多いが、それもない。さすがに6年目ぐらいでピンチのコード部分がいくつか切れてしまったので、取り替え用のピンチ数個を製造元からインターネット通販で取り寄せた(ピンチを別売りしている物干しハンガーも珍しい。一個52円)。じつはそのとき、引っぱリンガーへの感謝と賛辞ともに、いっそまるごと買い換える旨の文章を添付したのだが、担当者の方から「本体はまだ使えるのではありませんか？　切れたピンチだけお取り替えされてはいかがでしょう？」という返信が届き、それに従ったという経緯がある。嬉しかったなあ。

シンデレラや さっさと洗濯物 取り入れるの ですっ
あーい♪♪
娘が小さい頃から億劫《おっくう》がらずに洗濯物を取り入れられるようになったのも
よっこら
ちょっ
親が気軽に頼めるのも、引っぱりンガーのおかげ。
背が低くてもOK
……→ってところがミソなのよ〜ん!

16 青森ヒバの抽出留液／翌檜香《あすなろこう》

（青森ヒバオール株式会社）

もはやこれなしで我が家の快適は保てない、というのがこの液体である。

無印良品のスプレー容器6本に入れて、玄関・トイレ・台所・居間・寝室と家中に分散して置いてある。一本はあっちこっちに移動してよしのボヘミアン。

トイレやごみ箱の消臭、三角コーナーや流し台の掃除、魚を焼いたあとに空中散布などなど、とにかく「匂いを消したい」「きれいにしたい」という時に乱用しまくっているのだが、じつはこれ、入浴剤として売られているものをうちで勝手にそのように使っているのである。つまり化学的に検証したわけではないから大声でおすすめするわけにはいかないかもしれない。が、少なくとも我が家では今のところ何の支障も出ていない。

かつて私はトイレの芳香剤を使わない人生を歩んできた。匂いをごまかすために強い香りを上乗せするのが、どうも性に合わなかったからである。

かといって残り香が気にならないわけではないから、大きい用を足したあとはなんとなくドアを半開きにして風を通したり、「まだ夫の匂いが！」というときには息を止めたり、来客時にはお客さんが匂いに敏感でないことをただひたすら祈るしかなかった。そんな人生に終止符を打ってくれたのが青森ヒバの抽出留液というわけだ。といっても最初に使ったのは入浴剤ではなく、ちゃんと消臭ミストと銘打って販売されていたものだった。

駅の改札前で「青森特産品・青森ヒバ」というのぼりを掲げてまな板や桶を販売していた露店のおじさんはやたら背が高くて顔が浅黒く、こちらが頼んでもいないのに自分の腕にミストをシュパシュパ振りかけて安全性をアピールした。

「化学薬品や合成添加物はいっさい含まれてない天然成分１００％だから、小さい子がおってもなーんも心配ねぇよ。青森ヒバにはヒノキチオールっちゅう成分がたくさん含まれておって、それがいやな匂いと結びついて無臭化するんだに。香料とかでごまかすのとは根本的に違うんよ。足し算でなく引き算。悪臭の元を絶つんだっきゃ」

その確固たる自信に加え、なんとなく「なまり懐かし停車場の」的郷愁もかきたてられてまんまと買わされてしまったのだが、事実そのミストときたらまったく素晴らしいというほかないのだった。ひと吹きした瞬間にはほのかに天然木の香りが感じられるが（これがえも言われぬいい香り）、一秒後にはまるで空気を洗ったかのように、何の匂いも残らないのである。「よい香りさえ残らない」という点を物足りなく思う人もあるかもしれないが、じつはトイレではそこがもっとも肝心なんじゃないかと私は思う。かつてお呼ばれ先のトイレで大をもよおしたとき、そこに置いてあった天然成分系ミストを使ったところ、「体から漂うアロマセラピーな香り＝大をしてきましたの印」となることがかえって気になって、香りを振り払うために洗面所でせっせと体操したという経験があった。この青森ヒバのミストなら、そんな気苦労や体操も無用というわけだ。

青森ヒバの成分には消臭のほかにも抗菌・防虫・防カビの効果があることが認められていて、「とにかく何にだって使える」らしい。でも今度いつ手に入るかもわからないし、２５０ミリリットルで千円強という値段はけっして安くないため、結局トイレの中でちまちま使うだけにとどまっていたのだった。

いらっしゃいませ〜〜っ
青森特産
ふが
ふが
香りの引力

そんなある日、前回とは違う場所で再びおじさんの浅黒い顔に再会し（まるでおじさんにはかられたようなタイミング）、「もっと気兼ねなくざばざば使いたいよ〜」と泣きついたところさし出されたのが入浴剤の「翌檜香」だった。1680円で1・8リットル入りとたっぷり。原料表示はミストと同じ「青森ヒバ抽出留液・天然成分100％」だ。

「わしはこれを消臭用に使ったことはないし、そりゃあ濃度や効果は同じというわけにはいかんやろけど、青森ヒバの力が含まれていることにかわりはないはずだわね。試してみなされ」

で、試してみなさってかれこれ3年。消臭ミストならひと吹きというところ翌檜香はふた吹きという感じだが、青森ヒバの消臭力は充分に発揮され、むしろしゅば〜しゅば〜と豪快に広範囲に使えることがうちにとってはかえって好都合なぐらいだ。それまで使っていた○○用・△△用と用途が分かれたスプレーや薬品の種類もがっさり減った。

なお、私のお気に入りは晴れた日に畳にこれをシュッシュしながら乾拭きして、乾いた頃にその上にごろ〜んと寝っ転がることである。すっきり、さっぱり、素のまんま。ほのかにヒバが香る空気を胸いっぱい吸い込んで畳にずりずりするのは、もはや掃除というより娯楽である。こういうとき、遠い異国の優れものより日本生まれのもののほうがしっくり感覚になじむような気がするのは気のせいかな。だとすれば思いっきり気のせいに身をまかせたい。

そうそう、気のせいといえば木の精。私は例のおじさんはじつは人間ではなく、青森ヒバの精霊の使いではないかと、半ば本気で思っていたりもする。

我が家の青森ヒバ活用方
いろいろ
シュパ
シュパ
きゅっ
きゅっ
本の背中
生ゴミのゴミ箱
からぶき以上
濡れぶき未満
の
掃除
冷蔵庫
内部や取っ手
におわなーい
くんくん
部屋干しする洗濯物は
洗濯機の柔軟剤投入口に
大さじ2杯ほど
入れて洗う。
タンスの引出しの内側をふく
冬物
衣替えの時にサッとね
抗菌・防虫効果を期待
おしぼりにシュッ
好評でーす
イライラする時には
しゅぱしゅぱ
イライラ
BEFORE
AFTER
(イメージ)
やたらめったら
空中散布
リラグゼーション
効果を期待
※ヒノキチオール成分は稀に体質にあわないこともあるそうなので注意して下さい。

17 ハケほうき

（インダストリーコーワ）

ずばり、巨大なハケである。

壁にペンキを塗ったりソースをお好み焼きに塗る、あれの大型バージョンだ。

名称からわかるように、ハケとしては珍しく掃除を用途とするもので、たしか5年ぐらい前に生協のカタログで「なんだこりゃ？」と好奇心をかきたてられて購入した。そして我が家に届いたそれは、まさに「ジャンボ&ロングなハケ」なのだった。

――きみって、本当に大きくて長いただのハケなんだね。

「そうです。僕はハケです。それ以上でも以下でもありません」

――うぷぷ。柄に「ハケほうき」って書いてある。わっかりやすーい。

「むっ。ふざけているわけではないのですよ。お掃除用のハケのほうきだからハケほうきなのです。愛知県のハケ専門メーカーの商品なのです。由緒正しいのですよ」

そうなのだ。柄はしっかりした木製で、ハケ部分もちゃんと天然素材の豚毛100%。そしてそれはハケならではの特性をもって、期待を上回る活躍っぷりをちゃんと見せてくれたのである。

具体的には、たとえば次のような。

●アルミサッシのレール部分。

細かい凸凹
サッシのレール
壁と家具のすきまのコードごちゃごちゃゾーン
ぐちゃ
ビミョーなでっぱり
壁
幅木
床

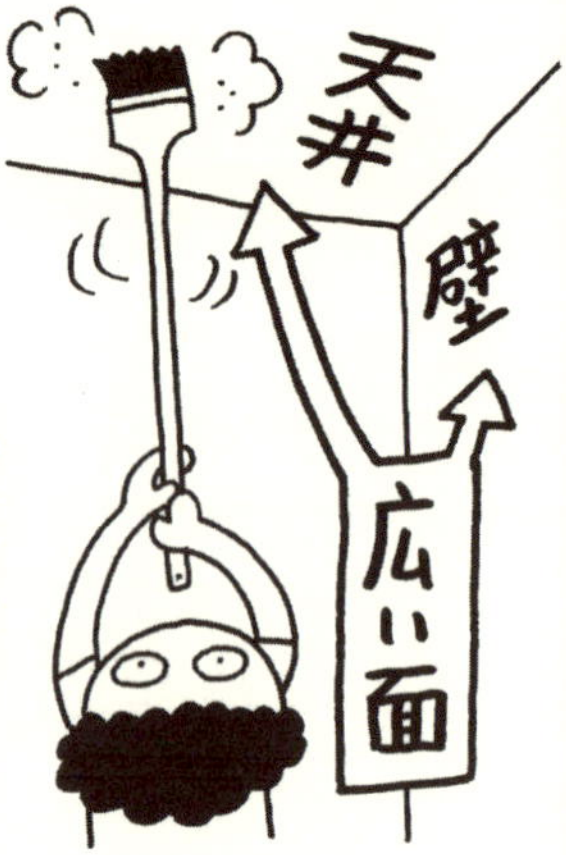

●天井、天窓、壁、本棚の本の背中などの広い平面。均等な力でサッサッとはらえる。

●籐や、コブコブのある天然木の家具など。細かい目の掃除がハタキよりも得意。

●家電の裏。コードやプラグがごちゃごちゃ横たわるゾーンのほこりをなでる、かき出す。

要するに、「細かいところや平面が得意」「ぺったんこ」「軽い」といったハケならではの特長と、「長いからハタキでは届かないところまで踏み台なしで届く」というほうき形状が活きて、ハタキとほうきの合体版みたいな役割を果たすのである。もちろんハタキも不可欠とはいえ、壁や天井といった平面すべてをバタバタするのはけっこうな労力だし、ほこりアレルギーの持病がある私にとってはかきまわされたほこりが空中に舞うのがまた辛い。その点ハケほうきは部屋の中を静かにサーッとなでられるので、楽なのだ。

ちなみに私が気に入っているチャームポイントは、柄にプリントされた「ハケほうき」という文字である。ハケとしての誇りを、まるで静かに自己主張しているような。

さてここで、ある日のハケ会社のランチ・ルームでの、社員二人の会話。

「ねえねえ、ハケって掃除に適してると思わない？」

「だよねー、俺もそう思ってたんだ。いっそ掃除用の大きなハケ、作って売っちゃおうか？」

「あ、それ面白いかも」

で、盛り上がった勢いで企画を出してみたら、なんと通っちゃった。

「その日、部長と工場長のノリがよくてさ。とんとん拍子で決まったんだよ」

「大企業の会議でこねくりまわしてたら消えてたような企画かもねえ」

「よーし、同じ製品化するなら我が社のノウハウを活かして、いいもの作ろうな！」

以上がハケほうき誕生の経緯である……なーんちゃって。

もちろんこんなのはただの空想で、実際のところは定かじゃない。でもこの柄の文字をながめているとそんなやりとりまで浮かんでくるようで、理屈抜きに愉快なのである。

あ、そうか。要するに愉快なのよね、きみが家の中にいることが。

おや。結局はこの点が、我が家のきれいを保ってたりして。

何これ？
これがだいたいの、見た人の第一声。
LIVE ACT TULIP
ハケほうき
51

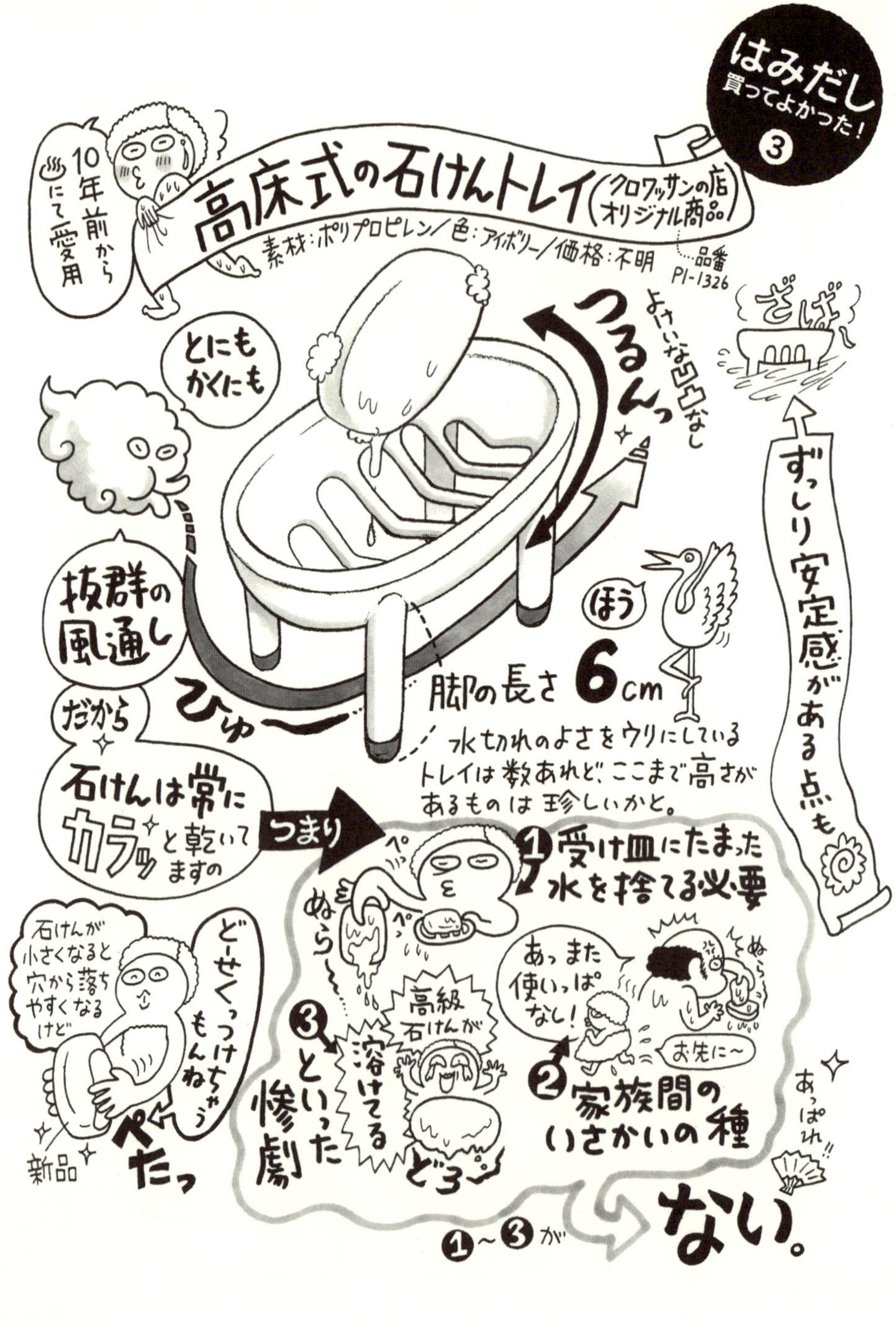
はみだし
買ってよかった！
③
高床式の石けんトレイ（クロワッサンの店オリジナル商品）
素材：ポリプロピレン／色：アイボリー／価格：不明
品番 P1-1326
10年前から♨にて愛用
とにもかくにも
つるんっ
よけいな凸凹なし
ざぱ〜
ずっしり安定感がある点も
抜群の風通し
ほう
脚の長さ 6cm
ひゅ〜
だから
石けんは常にカラッと乾いてますの
水切れのよさをウリにしているトレイは数あれど、ここまで高さがあるものは珍しいかと。
つまり
❶受け皿にたまった水を捨てる必要
ぺ
ぬら〜
あっまた使いっぱなし！
ぬら
お先に〜
❷家族間のいさかいの種
高級石けんが
❸溶けてるといった惨劇
どろ〜
石けんが小さくなると穴から落ちやすくなるけど
ど〜せくっつけもんねちゃう
ぺたっ
新品
あっぱれ!!
❶〜❸がない。

第4章
しびれる電化製品

漏《ろう》電《でん》してるわけじゃないけど

食器洗い機／特急すゝぎ
強力ドライヤー／ウインドプレスEH5402
10インチテレビ
コードレススチームアイロン／カルル

18
食器洗い機／特急すゝぎ
（ホシザキ）

しびれる電化製品　18　食器洗い機／特急すゝぎ

家電製品にはざっくり分けて、男前と、男前でないものがあると思う。

機械に男も女もあるもんか、なぜ家電製品にだけそんな区別があるんだといった議論は勘弁してもらうとして、とにかく私に「いよっ男前！　ほれぼれするねえ～♡」と思わせてくれる家電製品があるという話なのである。

うちの中でのダントツの男前、それはなんたって「特急すゝぎ」。ホシザキというメーカーの食器洗い機である。ホシザキと聞いてもピンとこないかもしれないが、おもに業務用の食器洗い機や冷蔵庫を作っている会社だから、飲食店で働いたことのある人なら「ああ、あのペンギンのマーク」と心当たるはずである。

じつはもう、廃盤商品なのだ。ちょっと高めの価格や設置の初期費用などがネックになったのかもしれない。でも明らかに名機だと思うので、いつかリバイバルされたり、その男前っぷりを継承した商品がどこかで生まれることを期待して、あえて紹介するのである。

すゝぎ君は、一般的な家電メーカーのものとは何かと異なる特長がある。

一般的なものは、洗う・すすぐ・乾燥するの三行程がコースになっているものが多いと思う。電気でお湯を１００度まで熱し、温風で乾燥する。所要時間は約1～2時間。

いっぽうすゝぎ君には乾燥機能がなく、洗ってすすぐだけ。お湯は自分では沸かさず、家庭の給湯器のお湯を利用する。だから汚れた食器をセットしてから洗い上がりのピピッが鳴るまでの所要時間は6分。そう、わずか6分なのである。

乾燥機能がついていない点は、慣れもあるかもしれないが、使用13年の我が家で問題や不満を感じたことはない。手洗いよりも高温のお湯を使うから（たとえば我が家のガス給湯器では

60度が最高水温）、洗い上がってすぐに扉を開けてさえおけば、食器は自然に乾いてくれるのだ。
洗浄に使う水温（60〜70度）の低さが気になる人もあるだろう。もちろん100度のお湯のほうが落としやすい汚れもあるし、殺菌効果という点でも安心できる。でも少なくとも私は、いちいち100度のお湯で食器を洗わなくても人類がここまで生存・繁栄して来られたことを考えれば、なにも目くじらを立てるほどのことではないという気がするのだ。

しかしすゝぎ君は、そこでけっして「そーだそーだ、お湯が100度である必要なんかねえよ、乾燥機能なんていらねえよ」と言ったりはしない。

「俺が使うお湯は60〜70度だから、殺菌したいものがあるときにはキッチンで煮沸してもらうしかない。カラッと乾燥させるには、洗い上がってすぐにドアを開けてもらわなくちゃならない。そういう欠点や面倒くささはあるんだ」

かといって、劣等感を抱いているわけでもない。

「俺の仕事は6分ですっきり洗うこと。この速さが使う人の助けになると思ってる」

彼は哲学を持ち、ちゃんと自分というものをわかっているのだ。うっひょ〜しびれる〜♡

さらなる惚れポイントは、食器を並べるバスケットの構造。その潔いほどのシンプルさである。箸やカトラリーを立てるスタンド以外は、にょきにょきと34本のバーが立っているだけ。

これについてもきっと、ここに茶碗・ここにコップという風な専用ポジションがあるほうがいいと思う人は多いだろう。たしかに、そういったバスケットのレイアウトは家電各メーカーが日本人の食生活や家族構成を徹底的に研究し、使いやすさを追求した上で作られたものであるはずだ。でも個人的には、使い方を限定されたようなものはかえって使いにくい。どうぞお

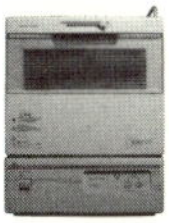

かまいなく、余計なお世話、と言いたくなることもあるのだ。

「日本の家族は一世帯5人が多いので、コップ、茶碗、皿、それぞれ5セット立てられるようにしております」

　でもうちは3人家族で、明日はたくさんゲストが来るんです。

「膨大なデータに基づいて割り出したのです。平均的な日常使いが優先です」

　このゴツゴツした分厚いお皿、バスケットに入りませんか？

「一般でよく使われている形状・サイズを基準にしています」

　ああん、もう。

　こんなことをガチャガチャ言われたら、あんた融通がきかない男ね、あんたに合わせろっていうのねと、なってしまうではないか。

　すゝぎ君なら、そうは言わないのである。

　なにも特別な暮らしをしているわけではない。突飛なものを使っているわけでもない。私が食器洗い機に任せたいのは、たとえばこういったものだ。

　パスタを水切りしたざる。子どものマグマグ。みそ漉しの網とへら。友人が焼いてくれた武骨でいびつな茶碗。ベトナムで買ってきた腰のくびれたティーポット。父の日光みやげの巨大な湯飲み。宅配牛乳のびん。おそろしく刃が鋭いタイのおろし金。回収に出す前に洗っておくべきコンビーフの缶。指とスポンジがすんなり入らない卓上用醤油差し。生クリームを泡立てたハンドミキサー。一応たわしでこびりつきだけは落とした魚焼きロースターの網。

中には「こんなの使うのお宅だけよ」と言われるものもあるかもしれない。が、きっとそれぞれの家庭に少なからずの「お宅だけ」があって、それを含めてそれぞれの日常はまわっているものじゃないだろうか。

すゝぎ君のバスケットは臨機応変だから、あらゆるサイズや形状のものをたいていは受け入れてくれる。もちろん100%なんでもOKというわけではないし、むしろ一回で洗える容量は小さいほうだ。それでも私はすゝぎ君に、ちょうど和田アキ子の歌の歌詞でいうところの「あなたには希望の匂いがする♪」というようなものを、感じるのである。

男前の定義。それは、つべこべ言わないことよね、すゝぎ君。

「いちいち君付けで呼びかけるなーっ」とツッこみたい読者もいるかもしれないが、私に言わせれば、食器洗い機はむしろ君付けで呼びたくなるぐらいのものでなければ失格なのである。だって食器洗い機は必需品ではなく、あくまでも「助けてえ」「手伝ってえ」と叫んだときに寄り添ってくれる、救いの存在なのだから。

そしてやっぱりすゝぎ君のように、一長一短はあれど男前でなければならない。

「あら、この茶碗、ちょっと洗い残したところがあるみたい」

「そうか、すまん。悪かったな」

「ううん、ううん、あなたはいつも通りにしっかり働いてくれたわ。私のセットの仕方が悪かったのよ」

こんな感じにつきあえるんだから。ねーっ、すゝぎ君♡

すゞぎ君を設置しに来てくれたオジサンとの思い出（ホシザキの人ではない）。
いや実は
私も自宅で同じものを使っているんですよー
へぇ
HOSHIZAKI CO.LTD
特急すゞぎ
食器洗い機はこれまで何台か使いましたが…
いいモノを買われましたなあ
これは故障もないし てきぱきとよく働いてくれてねー
買ってよかった！
と、使う前から思わせてくれた福スマイルでした。
思わず撮らせてもらった記念写真

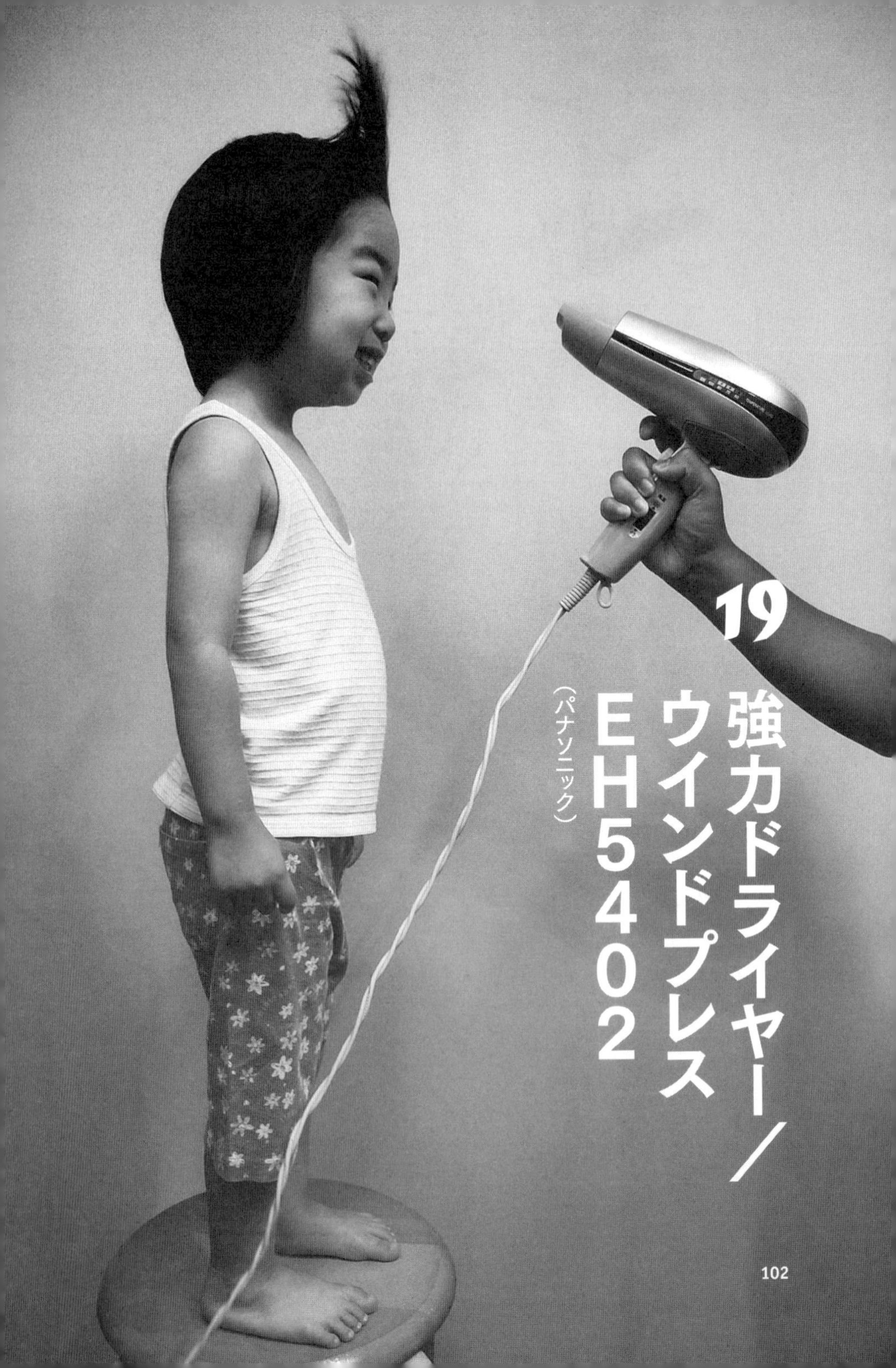

19 強力ドライヤー／ウインドプレスEH5402

（パナソニック）

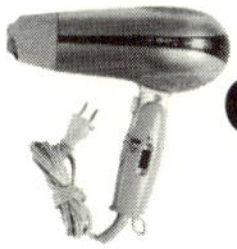

９年前に購入したものなので、とっくに改良品が発売されていると思う。

ここで力説したいのは、「ドライヤーはパワフルで高性能なものをぜひ」という一点なのである。

家電製品は高いものと安いものに大きな価格差があるものが多いけれど、ドライヤーもそのひとつ。上はプロ仕様の３万円台、下はノーブランドの千円台とにかく幅が広い。

それゆえ「髪にいいとかブローがうまくいくとかはどうでもいい。とにかく乾けばいいんだから」という場合はどうしても「２０００～３０００円でデザインもぼちぼちで」というあたりで手を打つことが多くなってしまうと思うのだ。現に私もそうだった。

でもひょんなことから手に入れた当時約７０００円のこのドライヤーは、我々の暮らしにちょっとした興奮と大きな改善をもたらしたのである。

娘の幼なじみのなっちゃんのおうちは、町の小さな電器屋さん。

量販店全盛の時代において、なっちゃんのパパはあえて「地域の人が気軽に声をかけられる電器屋さんを」という心意気で開業したのだった。「ちょっとエアコンの調子が悪くて」というようなときはもちろん、替えの蛍光灯を買っただけでも頼めば踏み台持参で飛んで来てくれるとあって、なっちゃんのパパはこの地域の人たち、ことに年輩の一人暮らしのご婦人方からモテモテである。バレンタインデーが近づくと炊飯器や洗濯機の買い換えを検討するおばあちゃまが急増し、決まってなっちゃんの顔に吹き出物が噴出するという怪奇現象は、果たしてこのエリア独特のものかしらん。

修理できるものはむやみに買い換えをすすめず、なるべく自分が暮らしの中で使ってみて「いい」と思ったものしかすすめない。だからなっちゃんちはちょっとしたショールームみたいに、いつも最新の電化製品がくるくるピーピー働いているのだった。

　そんななっちゃん宅に親子で上がり込んだ、ある夕方のこと。なっちゃんはお風呂からあがったばかりだった。

「おかーたんにボーちてもらうから、待っててねー」

　ボーとは、ドライヤーで髪を乾かすことらしい。

「ふふふ。うちではガーって言ってるけど、なっちゃんちではボーなんだね」

　のどかに笑ってる場合でなくなったのは、ママがドライヤーのスイッチを入れた瞬間である。

　ボワ――――――ッ!!

　風のパワーがとにかくすごい。通常のドライヤーが図Aだとすればこれは図Bで、さながら五月の空を力強く泳ぐ鯉のぼりのようになっちゃんの黒髪がたなびいている。そして「おまたせ、終わったよ」までの時間が短かったのなんのって。

　このさいだからとうちの娘もお風呂に入れてもらって、ドライヤーを使わせてもらうことにした。そして即、その実力を思い知ったのである。

　ただ熱い風をあてて乾かすのがうちのドライヤーだとすれば、これは温かい大きな空気の流れを作り出して髪の一本一本の根元まで送り込む感じ。まさに、ガーじゃなくてボー。風のパワーが強大なので、がしゃがしゃ髪をか

図A

図B

きまわさずともドライヤーを動かすだけで頭全体に温風が行き渡るのがわかる。

で、「おほほほ…おほほほ…」と笑うように髪がたなびいたと思ったら、なっちゃんのママが「もう乾いてると思いますよ〜」。あらまっ、ホントだあ！

さっそく取り寄せてもらったのは、ボーがさらにパワーアップした新機種で、温度が5段階、風力も3段階に切り換えられるものだった。

これはたんに乾くのが早い、というのとは違う。我々が何より値打ちを感じたのは、地肌や根元がムラなくしっかり乾くから「生乾きのまま寝て風邪を引く」という事態が避けられるということだった。体温が37度五分を一分でも越えたら登園NGの保育園児を抱える身にとって、これがどれほどの救いと安心感をもたらしたことか。頭にあまり近づけなくてもしっかり風が届くので、子どもが「熱い熱い」といやがることもなく、しかもさっさと完了するのは本当にありがたい。「朝シャンしたせいで寒気が」といった現象も、我が家ではとんとご無沙汰だ。

もちろんスピーディーだと髪も傷みにくいし、テレビやラジオの音を妨げる時間も短縮でき、またペットを飼っている人はワンちゃんやネコちゃんと格闘する時間や互いのストレスも減らせよう。人生の美と健康の陰に優れたドライヤーあり、よき電器屋を味方につければなおよし、ということである。

ただし、ドライヤーはここ近年髪に良いマイナスイオンだのナノケアだのといった効果をうたったものが増えてから、選択がちょっと難しくなっているかもしれない。ことにこの価格帯は「優れたドライヤー」と「ヘアケア効果の付加価値をウリにしているがたいしたことない安物」の玉石混淆状態になっているようなので、そのあたりの見極めは必要かと思う。

“このドライヤーすっごくいいんだよ”…っておいらが言ってても
あんまり説得力ないみたいなんだよね
しょんぼり…
ぷぷ~

20 10インチテレビ（SONY）

うちに初めて来た人が部屋の中を見渡して、首をかしげることがたまにある。

「なんとなーく、ふつうの一般家庭と違うような気がするのはなぜ?」

私が自宅で仕事をしているため、仕事机やコピー機が奥に見えるという事情も若干影響しているかもしれないが、冷暗所として活用している玄関には梅酒を漬けたびんとタマネギの箱が並び、床には娘のランドセルとうわばきが散らばり、リビングからは台所の食器や冷蔵庫がモロ見えといった具合だから、生活臭は漂いまくっているはずである。

「それでもなにか、違うんですよ」

ならばそれはもしかすると、テレビの存在感が希薄なせいかもしれない。

我が家のテレビのありかは、家の中心である食卓わき。食卓が応接テーブルを兼ねているので、つまり50センチ横にそれがあるにもかかわらず、多くの来客がテレビの存在に気づかないのだ。

我が家に一台きりのそのテレビは、もはや世間ではとっくに過去のものとなってしまったブラウン管式で、画面のサイズが10インチ。紙や単行本でいえばA5サイズぐらいだから、テレビ画面としてはかなり小さいし、珍しいとも思う。

とはいえ、何も強いこだわりがあって小さいものを選んだわけではなかった。

15年前、私の大阪の父が同窓会のため上京したさいに「会場のしゃぶしゃぶ屋で懐かしのビデオ映像を流すんや」と秋葉原で購入し(当時はそういうものをノートパソコンなんかで見る時代ではまだなかった)、お役を果たして「もういらんわ」となったものを、たんにそのまま譲り受けたのである。

当時使っていた24インチのテレビよりもよっぽど画面が美しかったため、メインのテレビとして食卓横に置くことにした。するとやがて先代の24インチがすねたように荒れ始め、結局この10インチが残った。あくまでもたまたまというわけだ。

はっきりいって10インチ画面は小さい。映画「タイタニック」のあの豪華客船でさえ小舟みたいに映るし、地デジ大画面向けにすっかり文字が小さくなったニュースや天気予報のテロップは、もはや我が家では「推測して読むもの」である。

それでも我々がこのテレビを使いつづけているのは、まずひとつにデザインも操作方法もシンプルで、画面もすこぶる美しいこのテレビが大好きだから。

そしてあともうひとつ。これが最大の理由なのだが、「一般家庭のテレビって本当はこれぐらいの大きさでいいんじゃないのかねえ」と、思っているからだ。

そりゃあ映画やスポーツ中継なんかは、大画面で見れば迫力も臨場感も段違いということはわかっているし、素直にいいなあと思う。でもふだん私たちが見る番組のほとんどは、朝ごはんを食べながらの「おはよう日本」、夜七時のニュース、何本かのお笑い番組やドキュメンタリーという感じなので、要するに「これは大画面でなくちゃー」と思うことがあんまりない。それよりむしろ、食卓わきにぴったりくっつけていても画面が近すぎることがなく、ふっと視線をテレビに移すだけで画面全体が視界に無理なくおさまることに、「つくづく狭い住宅事情に適したサイズだよ」と思うことのほうがよっぽど多いのである。

もちろんこれは、我が家の暮らしぶりや住居面積・三人という家族構成・食卓の大きさなどにジャスト・サイズだと私たちが思っているだけで、なにも「一般家庭のテレビなんて10インチで充分ですよ！」と言いたいわけではないのだ。

ただ、どんどん画面の巨大化が進んでそれがふつうになってきた昨今、「えーと、あのー、みなさま、小さいのもけっこういいんですのよ。メーカーさん、こういう需要もどうかお忘れなくね」と、過渡期の今だからこそ小声で叫んでおきたいと思ったのである。

最後にちょっとした自慢をひとつ。

電器屋のなっちゃんちの高級大画面テレビで、好きな歌手のＤＶＤを見せてもらうとき。
映画館の大スクリーンの前に座ったとき。

「うわー、松潤ってこんなところにホクロがあるんだあ！」
「きゃー、波が波が！　波に呑まれるー！」
「ややや、やっぱり大画面ってすご――――い！」

こんなことでいちいちキャーキャー興奮できる自分たちが、じつはとーってもお気に入りなのです。

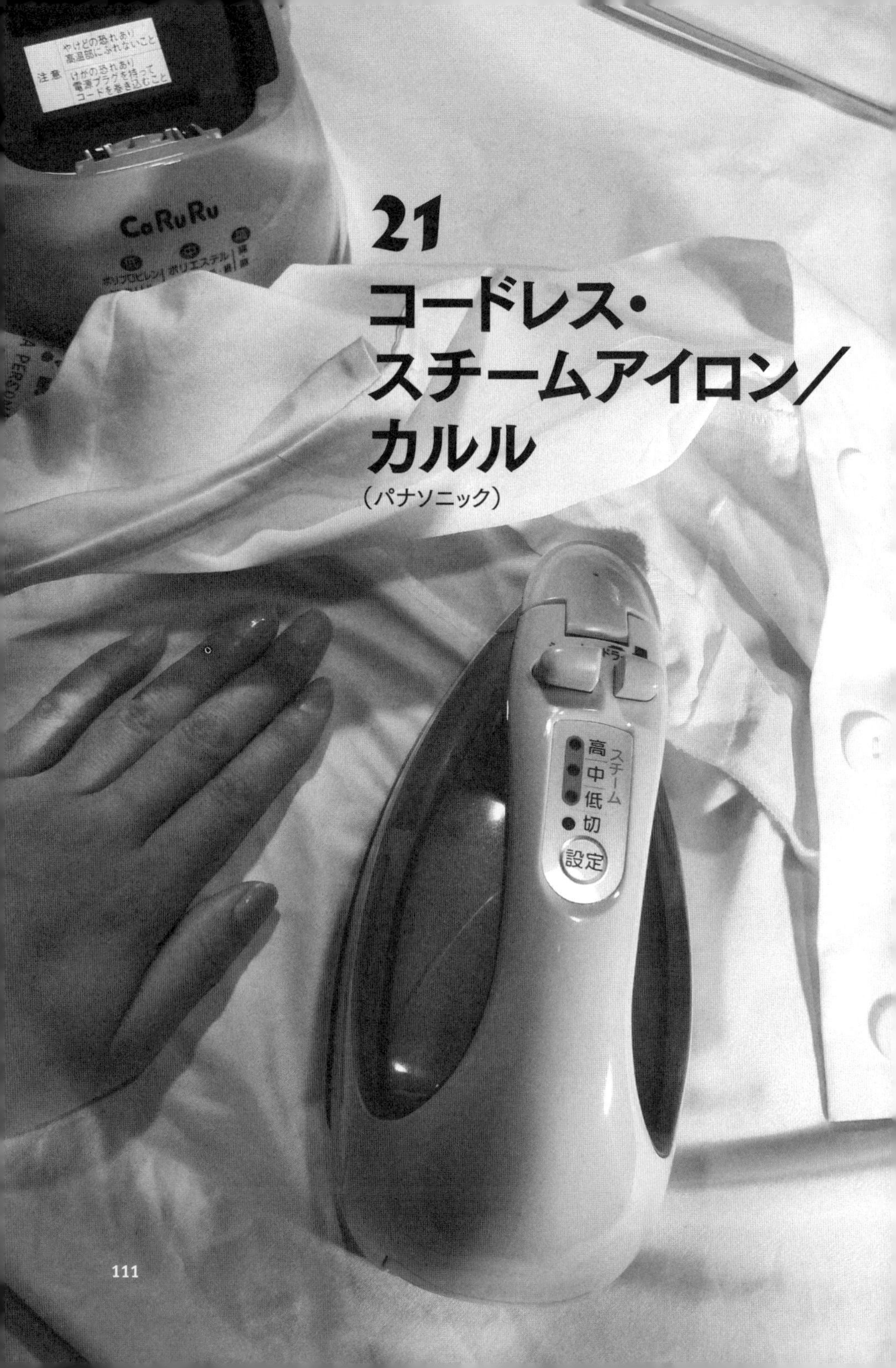

21
コードレス・スチームアイロン／カルル

（パナソニック）

性別・国籍・星座・血液型などなど。人間を分類する方法はさまざまあるが、私が思うに、人は次の二種類にきっぱり分けることができる。

アイロンをかけるのがうまい人と、そうでない人だ。

「ならば料理がうまい人とそうでない人、ピアノがうまい人とそうでない人など、なんだって言えるじゃないか」などと思う人は、すでに私とは違う人種なんだろうと思う。

私は圧倒的に後者――アイロンをかけるのが下手な人種――であり、いかにノーアイロン加工のシャツが普及した現代においてもまったくアイロンを使わないというわけにもいかず、苦労してきたのだった。

料理やピアノはある程度努力すれば報われたり、時や経験を重ねればそれなりになんとかなるものだが、アイロンだけは練習してもうまくならない。生まれつき植物や動物に好かれる人とそうでない人がいるように、おそらく先天的にアイロンに嫌われる体質というものがあると思われる。

さらにゆゆしきは、腕がよかろうと悪かろうと「全体にしわなくピシッと仕上げる」という目指すべきゴールは同じということだ。料理でもピアノでも編み物でも「初心者向け」というステップがあるのに、アイロンはハンカチだけかけているわけにはいかないではないか。いきなり高度な技術を求められ、それができなければ生活に支障が出るなんて厳しさが伴うのはアイロンがけだけなのである。

そもそも、アイロンほど自由がきかない道具はないと思っている。

シャツの袖山をつぶさぬようにと肩口の内側（裏側）から差し入れるも、アイロン自体の図体が大きくて奥までは入らないため、とりあえず先っちょのほうで届く範囲だけしゅこしゅこかける。仕方なくシャツをひっくり返して表側からかけてゆくと、さっき裏側からかけた部分とのつじつまが合わなくなり、さらにコードに動きを阻まれてイ——ッ!

会社勤めをしていた当時から、そんな堂々めぐりの格闘をしたのは決まって日曜日の黄昏どきだった。テレビの画面が「笑点」から「ちびまる子ちゃん」、やがて「サザエさん」に至ってもこれといった成果があがらないアイロン台を前に、己の宿命を呪うしかなかったのである。

だから雑誌でその広告ページを目にしたときには、少なからずの衝撃をうけたのだった。新発売されたばかりのアイロンのお披露目らしきその広告は、たしかこんな内容だった。

「手のひらと同じサイズでコードレス——かけたいところに届きます、入ります」

女性の手とアイロンを重ねた写真が、そのコンパクトさを立証している。

「シャツの袖や肩口・子どもの衣類・ボタンまわりなどをかけているとき、この狭い部分にもアイロンが入ればいいのにと思うことがありますよね。本商品・カルルなら、あなたの手で撫でるのと同じような感覚でしわを伸ばすことができます」

大げさだと思われるかもしれないが、このときばかりは涙が出た。

小学校のころ、鉄棒の逆上がりができなかったとき。友だちの「がんばれ」という声援よりもよっぽど励みとなったのは、やはり逆上がりができない同級生の存在だった。けっしてそれで安心したいわけでも、傷をなめあいたいわけでもなく、逆上がりができない人間が存在することがとりあえず肯定される気がしたのだ。

私だけじゃなかった。わかってくれている人が、企業があった。

その広告は私にとって、まさに「肯定」という名の福音だったのである。

そして階段三段飛ばしで電器屋へ向かって入手した「コードレス・スチームアイロン／カルル」は事実、使う人の手をちゃーんとわかった道具なのだった。

小さくて軽いから手の延長みたいに小回りがきいて、細かいところもスッとかけられる。疲れない。かといって「シーツなどの大物は時間がかかちゃう」「ある程度重さがないとしわが伸びない」とは思わなくて済む、ぎりぎり折り合いのつくサイズ・重さというところが「よっ、憎いねあんちゃん」という感じ。

またスチームも強力で、ハンガーにかけたままの衣類にシュッと蒸気をかけるしわ伸ばしショット機能も、一応できることになってますというレベルではなく、しっかり効果がある。コードレスゆえに心配していた「熱が冷めてきたのでいったん本体に置いて通電してね」のサインが出るまでの時間も意外と長く、コードレスのデメリットはほとんど感じたことがない。

コードレスアイロンが世に出回り始めてから二十年近くたった今でも、いまだに高級機種はコードつきが多いという点から見て、きっとコードレスでは至らない部分もあるんだろう。でも十数年前のそのときにデビューしたカルルが今も息長く売られているということは、きっと「何はともあれかけやすい」を求める同胞が少なくない数でいたからだと思う。

というわけで、開発者ならびに関係者各位をあらためてここで讃えたい。

それはもう、言うまでもない。

日曜の夕方、「サザエさん」を笑って見られる人生を、私にもたらした功績である。

南インドの街角で見かけたアイロン職人。
中に炭が入っている。
元祖コードレス。

はみだし 買ってよかった！ ④

ういーん…ういーん
頭がぐるぐるまわるんだ
東急ハンズで見かけた時に なぜか「おお、そうだ。人生にはミラーボールが必要だ!!」と強く思い購入。残念ながら数年後に床に落として壊してしまったけれど、明かりを消して非日常のきらきらワールドへトリップするのは実に楽しゅうございました。
20〜22cmくらい
電動式
ミラボーくーん
我が家での呼称
たびたび現実逃避していた会社員
シルバーの樹脂製ボディー
卓上電動ミラーボール

第5章
おでかけのとも

伊東屋のビニール傘
二段式ステンレス弁当箱
三輪式ショッピング・キャリー
ハンディロック

22 伊東屋のビニール傘

（伊東屋）

おでかけのとも 22 伊東屋のビニール傘

私はビニール傘が好きだ。

理由は、「透明だから」。

まず当然のことながら、見通しがいい。雨が肩にかからぬようにと深々もぐりこんでいても、あっちから車が来るとか、向かって来る通行人とすれ違うまであと二秒なんてことも素早く察知できる。傘を傾けることなくビルの看板や信号を見上げられる。

いやいや。それよりなにより。透明なビニールごしに、雨の滴がちゃんと見えることが単純に愉快ではないか。

容赦なく打ちつける激しい雨は、洗車機に入った車の中から見る窓のごとく迫力満点でぞわぞわするし、ぽつぽつ雨でもしとしと雨でも水の滴同士が合体して流れ落ちるさまは見ていて飽きない。滝状態の雨樋の下にわざわざ傘ごと入って立ち止まる、そんな子どもっぽい楽しみもビニール傘なら「うほほほほ」が倍増するというものだ。

とはいえやっぱり、耐久性が乏しく、大人が持つには不釣り合いな場面も多いビニール傘は、結局急場凌ぎの域を出ることはなくて、私自身も何だかんだで百貨店で求めたそれなりの傘を使う人生を歩んできたのだった。

そんなある日に「これは」と出会って以来、のべ10年以上愛用しているのが伊東屋のビニール傘である。

説明するまでもなく、伊東屋は銀座に本店をかまえる「赤いゼムクリップの看板」がおなじみの老舗の文房具店。そのオリジナル商品である。もうかれこれ15年以上のロングセラーだとか。

傘の部分は透明のビニールだが、まわりがナイロン生地の細いテープでふち取られているのがお洒落で、これが補強を兼ねている。このテープ部分は赤・黒・グレー・白の4色がある。私はこれまで二本購入したが（一本目は壊れたのではなく紛失）、いずれも赤の「伊東屋カラー」を選んだ。これまで7人から「その傘いいね」と褒められ、そのうち2人が「自分も買った」というから、見た目のよさはお墨付きだ。

骨と柄と樹脂製の持ち手は黒。ジャンプ式。開いたときの傘のサイズは半径50センチ、柄の全長82センチ。うちにあるほかの立派な傘に比べると全長が10センチほど短いが、これを不足に思うことはなく、むしろ身長１５７センチの私にとってはとりまわししやすい（使わないときに肘にかけて歩いても足にボコボコ当たらず足さばきがいい、でも駅で電車を待つときなどにはちゃんと杖としても機能する）ジャスト・サイズだ。

軽い。そして頑丈。新品の傘によくぶらさがっているしおりの「傘を長く愛用するために——水を切るさい激しく振らないで下さい、杖のように地面につかないで下さい云々」という忠告をさして気にせず使っているにもかかわらず、使用5年目の二代目も健在である。

持ち手部分に指輪みたいなゴム製のリングが一本はまっていて、これは固定されているわけではなく、ずりずりと好みの位置に動かすことができる。傘を畳んだときに骨の末端のちょぽちょぽした金具を束ねるためにあるものらしいが、私はそうは使わず、手で握る部分の途中あたりでぶらぶら遊ばせている。おそらくこれが指や掌のとっかかりになって、濡れた手でも滑

らず持ちやすく疲れないんだろう。お店の椅子の背もたれなどに引っかけても、このリングのおかげで座りがいい。ほかの傘にはないこういうひと工夫に、「あなた雨の日ってものをわかっているのね」と、しびれてしまう。

ビニール傘なのに一本２４１５円という値段は、にわか雨のさいに手を出すには「うっ」とくる値段だが、「使い捨てではない道具としての傘」と考えれば驚くほどコストパフォーマンスが高いと思う。

あと、個人的な惚れ込みポイントがもうひとつ。

畳んで束ねるベルトに縫い付けられている、「ＩＴＯ-ＹＡ」というタグである。小さいながらも、トレードマークの赤いゼムクリップまでしっかり刺繍されている。

高級奥さまブランドほどの気張りはないのに、「ちゃんとモノは選んでます」という賢さをそこはかとなく漂わせてくれる、老舗のロゴ。

むふふ、むふふふん。

高級ホテルのクロークに差し出してもぎりぎり気後れしないのも、奥ゆかしくも凛としたこのロゴに、思いきりよっかかれるからだと思う。

世界は
傘嫌い？
筆者が各地で耳にした
全員がというわけではないが少数派でもない声
タイ
雨の勢いがすごくて
どーせ濡れちゃうんで
どどど
基本は雨宿り
さすのは
天気のいい時
だけですよ～
（日よけ）
英国
あくまでもファッション小物
ホホッ
小雨で
傘をさすほど
英国紳士は
軟弱じゃないさ
インド
頭は
冷やすと
よくないので
スーパーのレジ袋
すたすた
頭だけ
保護します
ベトナム
ばばば
片手が
ふさがると
バイクを運転
できないってばー
トルコ
生まれてから
一回も
さしたことないよ
傘なんて使うのは
イチャイチャ
したい
カップルか
髪型を気にする
若者
だけさ
おじさんには
必要ないね
なるほど
イタリア
バッグをひったく
られやすくなっ
ちゃうじゃなーい

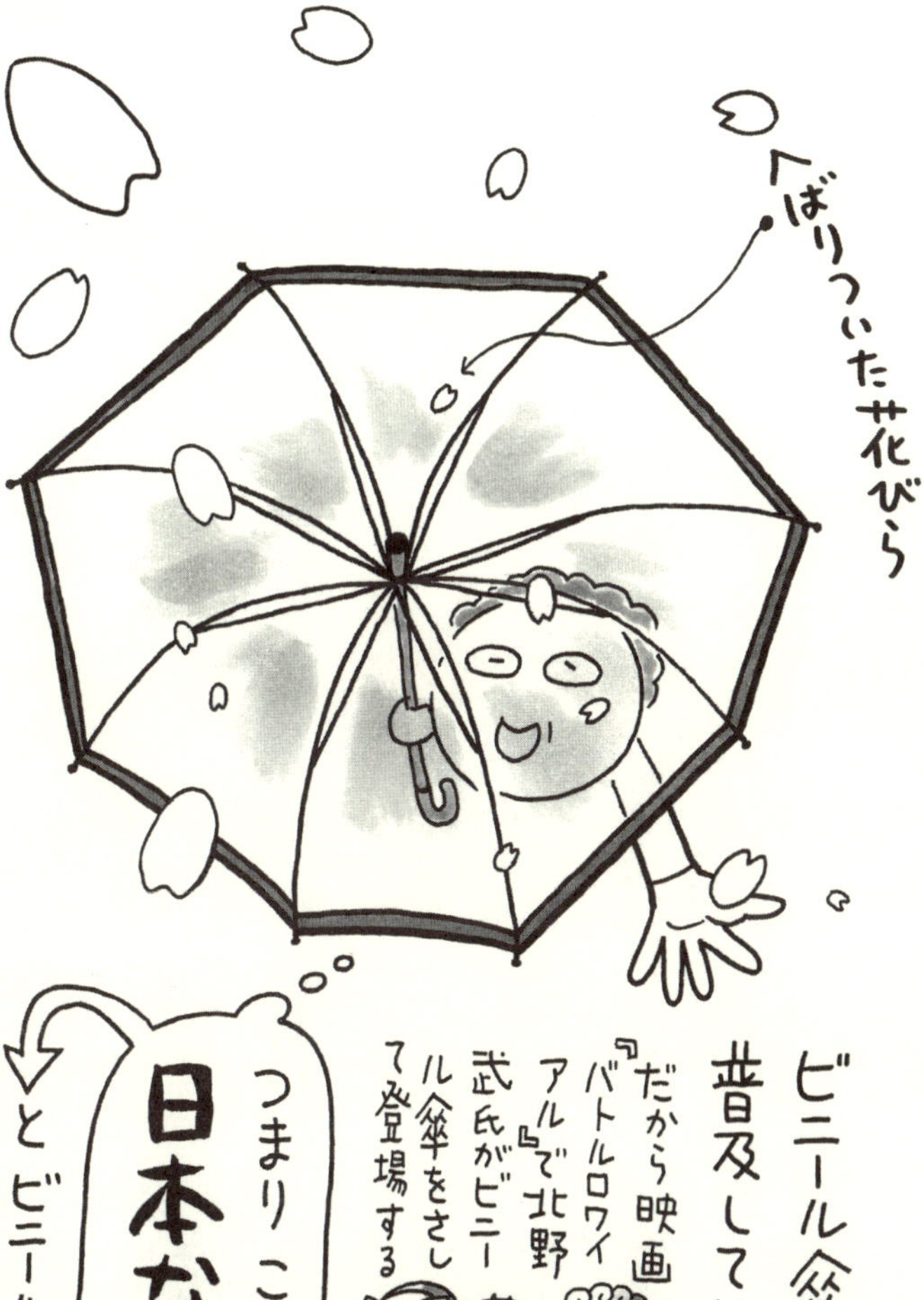

ビニール傘は日本でのみ普及している道具だそうな。

だから映画『バトルロワイアル』で北野武氏がビニール傘をさして登場するシーンでは、海外の上映会場なら必ず

なんじゃあの変な傘は？

とざわめくらしい。

つまりこの光景は日本ならではってわけね

と ビニール傘の中から見上げて思う、四月の雨の日。

23 二段式ステンレス弁当箱

（インド・ニューデリー）

ベトナムの市場でもらったレジ袋は、バナナをひとふさ入れたとたん底が裂けた。

香港で買った電池は、CDプレイヤーで4曲目を聴いている途中に力尽きた。

ルーマニアで買ったフィルムは、誰の顔を撮ってももれなく顔色が悪く写った。

フロリダで買ったTシャツは、一回の洗濯でやたらセクシーな首回りになった。

シドニーで買ったインスタント麺は、調味料の小袋をあけるのに3分かかった。

フィリピンで買った蚊とり線香に、蚊がとまっていた（注・燃焼中）。

何を言いたいのかというと、要するに「日本製は素晴らしい！」ということである。

日本の技術こそ世界一。めったに故障せず、その品物が果たすべき役割をきっちりこなし、それどころか「もっとこうすれば便利かも」という改良が次々とほどこされる製品を私たちは当たり前のように使っているけれど、世界規模の視野から見ればそれがいかにすごいことかをあらためて認識する必要がある。世界が本気でエコロジーを唱えるならば、いっそ日本の優れた技術を世界標準とすれば資源の無駄は減少し、さらにはイライラや店主とお客の言い争いなども避けられ、大きく世界平和に貢献するのではないかと思うほどである。ビバ日本製。すごいぞ日本人。

ただし、そんな日本製でさえ太刀打ちできない優れものが世の中にはある、というのがじつはここでの本題である。

インドで出会ったステンレス製の弁当箱がそうだ。トイレを借りるために飛び込んだニューデリーの金物屋で、当時9歳の娘が目にとめて「これ買って！」とせがんだもので、これはもう私が知るかぎりにおいてのキング・オブ・弁当箱と断言できる。

ふた・上段・下段からなる二段式で、これらを重ね、日本の密閉容器などでもよく見かける「ぱっつん」ととめる留め具で固定する。留め具の一部にぐらつき防止のプラスチックの小さな補助パーツがついているだけで、あとはすべてステンレス素材だ。

まずこの二段重ねたときの姿がほれぼれするほどシンプルで美しく、娘は友だちからしょっちゅう「それかっこいいね」と言われてご満悦らしい。舶来品でありながら、梅干しや筑前煮も不思議とおいしそうにおさまってしまう。

ステンレスだから、おかずの匂いが残らない。油汚れもすっきり落ちる。プラスチックだとキズがついてケチャップの色などが残ってしまうことがあるが、それがない。

そしてなにより、「どんなに傾けても振り回してもおかずの汁けが一滴たりとも漏れない」という点が素晴らしい。日本製にも汁けが漏れない弁当箱があるにはあるが、ゴムのパッキンなどがついていることが多く、これが洗いにくさ・乾きにくさ・カビの要因になってしまうことがある。この弁当箱は、重ねたときのぴったり具合だけで高い密閉性を実現しているのだからあっぱれではないか。おそらくインドではお弁当にもあの独特のしゃぶしゃぶしたカレーを入れることが多いから、必然的にこのような弁当箱が発達したんだろう。

日本の技術は誰にも負けない。我らの誇り。

だけど、暮らしの中で人々があったり前に使っている道具にこんなミラクルをひょいっと見せられてしまうこともあるから、やっぱり世界は気が抜けないのである。

どこで買ったの？
ええ、ちょっとインドで……
ほほほ…
娘がご満悦なのは、
この時に返ってくる相手からの
反応も含めてのこと。

24 三輪式ショッピング・キャリー

（ドイツ・アンデルセン社）

ご覧のとおり、三つの車輪がついているショッピング・キャリーである。階段や段差のあるところでも、これら三つの車輪がガチャンガチャンと回転して交互に段をとらえることで、難なく上り下りができる仕組みだ。

８年前に娘と二人でスイスを旅行したさい、帰国前日にチューリッヒの百貨店で購入した。旅行中に荷物が増えていたからちょうどよかったということもあるが、何より、東京でひとりクワガタの世話をしながら留守番中の夫が喜びそうだったのである。彼はこのように、「わっ、なんだこれ？」という見かけや仕掛けのものが大好きなのだ。

日本でも同じようなコンセプトのものを転がして歩いている人を見かけたことはあるが、それはもっと車輪が小さくて作りもライトで、「とりあえずアイデアを形にしてみたよん」というぐらいの気軽さで転がっていた印象がある。それにひきかえこのキャリーは、「本気でバリアフリーを考えた高級キャリーです。あなたの人生から段差という苦難を取り除き、添い遂げるつもりです。しっかりご検討ください」とでも言わんばかりの重厚さを放っていた。軽自動車ではなくベンツという佇まい。なにしろ値段も約１万３０００円相当と洒落で手を出せる感じじゃなかったから、「うちの夫婦円満、この値段に賭けるわっ」という思いで踏み切ったのだった。

さいわい結果は大勝ちであった。スイスでは本をたくさん買い込んだため相当荷物が重くなっていたのだが、チューリッヒのホテル～日本に着いてからのＪＲの雑踏～エレベーターなしマンションの3階の我が家まで、ついに一度もエレベーターを使うことなくたどり着けたのである。というか、成田に迎えにきた夫があまりにもこれを気に入って、あえて段差のあるところを通りたがったということもあり。

とにかく、よくできたキャリーなのである。一般的なショッピング・キャリーは耐重量が10～20キロのものが多いところ、これは堂々60キロと頑丈。簡単に取り外しできるバッグはしっかりしたナイロン生地で、空の状態でも自立するからモノが出し入れしやすい。安定感があり、荷物が軽かろうと重かろうとバランスを崩して倒れることがない。そして何より、どんな凹凸のあるところでも平気の平左でぐいぐい進む車輪の、なんと力強く頼もしいことよ。

製造元のアンデルセン社はドイツの企業で、50年前からショッピング・キャリーを専門に作り続けてきたメーカーというから納得である。町に石畳・石段が多く、5～6階まで階段しかないような古いアパートも珍しくなく、農村地域にはいまだ砂利道も健在、そんなヨーロッパを知り尽くしたメーカーならではのノウハウが詰まってるんだろう。

特に自家用車を持たず、どこへ行くにも公共の交通機関を利用する我が家にとってはまさに、移動・運搬時のバリアーを解く福音の道具。「鬼に金棒・地獄に仏・渡りに舟」の揃い踏みである。おかげで古本屋へ本を売りに行くのも楽になり、遠方のお宅へお邪魔するときに重いワインやおすそ分けのじゃがいもを持参することがちっとも億劫でなくなった。

と、まあつい機能ばかりを誉めてしまったが、我々の最大のお気に入りポイントは結局やっぱり「わっ、なんだこれ？」な外見かもしれないと思っている。

いかにもヨーロッパのおばあちゃまに似合いそうなギンガムチェックのありふれた風貌でありながら、戦闘ロボ「マジンガーZ」みたいな厳つい機能ががっちり備わっているミスマッチ感。

これが真面目に作られふつうに流通しているヨーロッパって、なんかいいじゃないか。

またじっさい我が家では、これを持って玄関を出るときはつい「マジンガー出動！」と口に出してしまうのだ。といっても、べつにそれを儀式と定めているわけでも、ましてふざけているのでもなく、階段を上り下りする際のガチャン、ガチャン、ガチャンの音がけっこう目立っておのずと注目を集めてしまうため、

「我々は地球の平和を守るために北千住まで出動するのだ！」

「ラジャー！」

というぐらいのノリと気合いがないとなかなか気恥ずかしくて、という事情ゆえんである。

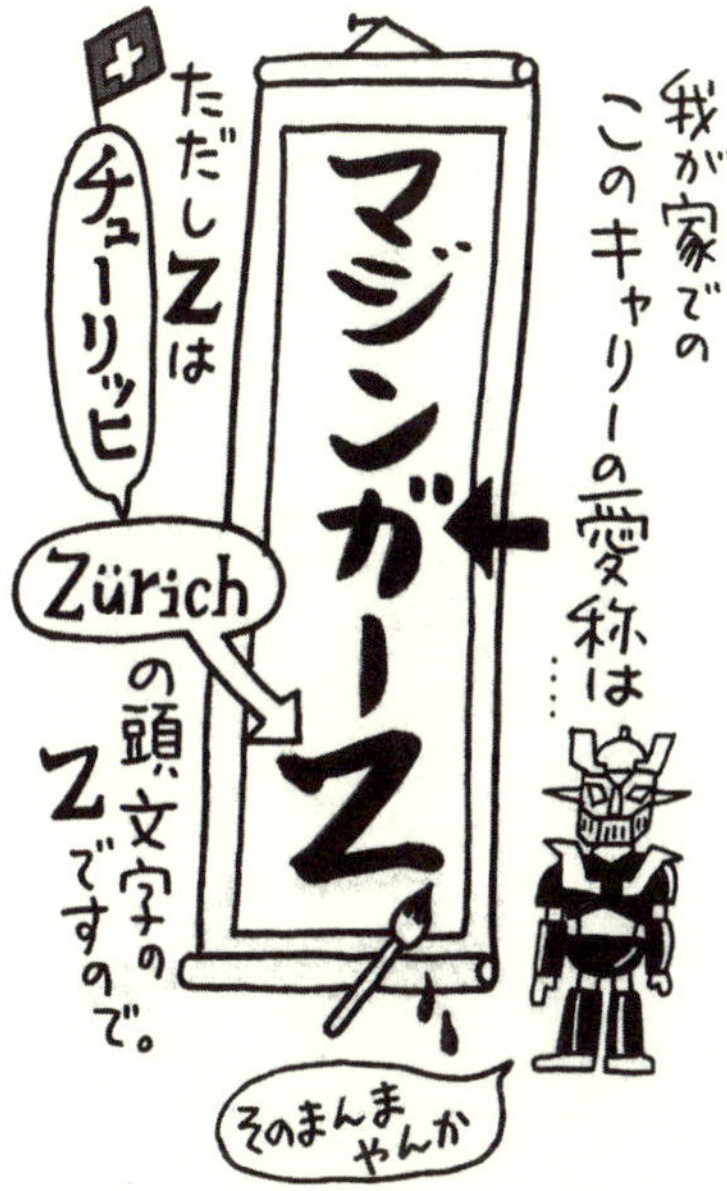
我が家でのこのキャリーの愛称は……
マジンガーZ
ただしZはチューリッヒ
Zürich
の頭文字のZですので。
そのまんまやんか

母と子二人のスイス旅は「ハイジしよう!」が目的でした。
思いっきり
←ハイジ大好きざかりの5歳
チーズ工場で昔ながらのチーズ作りを見学
とろ
ファームステイを受け入れる農家の干し草小屋(わら小屋)に宿泊。
ぶわっ
夢がかなった〜
す
干し草のベッドで寝たよ〜!
クララが治療したという設定の温泉へ
日本のとはちがうわね
ホ〜
チューリッヒ
ベルン
アッペンツェル
ガイス
ラガーツ
マイエンフェルト
ダボス
列車
バス
ブリーク
サースフェー
ジュネーブ
マッターホルン
ミュージアムやハイキングコースがあります
物語の舞台マイエンフェルト
マーモットと氷河を見る
ハイジはスイスの誇りなのでがんばります
ハイジの髪型にして下さい
美容院でカット体験
どれもすばらしく美しい!
Heidi
Johanna Spyri
Heidi
重いよハイジー
ペーターしっかり
ハイジの本を買いまくる!
で、荷物が増えて重くなっちゃったわけですな。

25 ハンディロック

（コンサイス）

「森さんは海外へあちこち出かけているから、さぞかし経験豊富なんでしょうね。これまでいちばん怖かった体験は？」

私が受ける質問でいちばん多いのがこれである。でもじつは私は、まだ旅先で一度も怖い目にあったことがない。

乗るべきバスを間違えたとか、「おいしかった〜♡」と食べ終えた料理の皿の下からゴキブリがはい出してきたとか、美容師のオカマちゃんとおそろいの髪形にされそうになったとか、まあそれなりに肝を冷やしたエピソードがあるにはあるのだが、相手の期待がそんなところにないことは明白なので「すいません…特にないんですよ」と答えるしかない。

するとたいていの相手はあからさまにがっかりし、しぶしぶ次の質問に移る。

「では盗難は？　何かを盗まれたことぐらいはあるでしょう？」

しかし、ここでも私は相手の期待に応えることはできない。私は旅先で一度もドロボーにモノを盗まれたことがないのだ。

「あ、あ、そう言えばフィリピンの民家に泊まらせてもらったとき、外に干しておいた運動靴が夜のうちに消えてたってことはありましたねー。借りちゃお♪ってノリで誰かがはいてっちゃったような気がするんですけど…。仕方ないからその後はゴムぞうりで旅を続けたんですが、帰国した日本は真冬だったので成田に着いてからが辛かったですねえ」

ここで相手が「貴重なお話、ありがとうございました」と腰を上げるのがだいたいのパターンだ。

とまあそんな風にあえて質問されたときにはつい恐縮してしまうのだが、「一度もドロボーにあったことがない」というのは本来なら自慢していいはずの経歴ではないか。だからここではもう一度、胸を張って言ってみることにしよう。私はこれまで旅先で、一度もドロボーにあったことがない。えへん。

鈍感で盗まれたことに気付かなかったというわけではないし、たまたま運がよかったということなら自慢なんかしない。私がモノを盗まれたことがないのは、ひとえに、ちゃんと工夫と対策を実行しているからだと思っている。

地球上にドロボーのいない所なんてないし、日本人は必ずターゲットにされる。だから盗まれないようにする。詳しくは拙書『女性のためのトラブル知らずの海外旅行術』（晶文社刊）をぜひ読んで頂きたいのだが、私が使う防犯グッズは、おなかに巻くスタンダードな貴重品入れと、このハンディロックという鍵。ふたつだけである。

ハンディロックは、ワイヤーが伸び縮みするナンバーロック式の鍵。１８９０円。十数年前に使い始め、その後もいろんな鍵を試してはみたが、結局これがベスト・パートナーという結論に至っている。

三桁の数字を自分の好みの数字にセットできるのも嬉しいが、なんといっても素晴らしいのはワイヤーが最長１２０センチまで自由自在に伸縮することだ。ワイヤーを縮めれば南京錠のようにも使えるし、伸ばせばスーツケースやバッグをベンチの脚や柱に結びつけることもできてと、とにかく使い勝手がいい。

「置き引きが多発しておりますのでご注意ください」というアナウンスが流れる成田エクスプレスで昇降口付近の棚に置いたスーツケースをちらちら心配することもなく、国際列車の食堂車でのんびりとランチを楽しみ、欠航で三時間待ちとなった空港のベンチでガーガー居眠りができるのも、すべてハンディロックのおかげなのである。

「こんな細いワイヤー、切られちゃうんじゃない？」と心配する人が多いようだが、ドロボーはリスキーな仕事を嫌うので、ペンチなんか使わなくても盗める別の獲物へと、とっとと向かってくれるものだ（たいていは）。旅行用の鍵は「切られる・切られない」よりもまず「つけてる・つけてない」が肝心で、それだけに、いつでもどこでもスマートに使えなければ意味がないと思っている。

おしゃれなカフェ・高級ホテルのロビー・ブランド品が並ぶ免税店などで、チェーン式のごっつい鍵をじゃらじゃら荷物に巻き付けるなんてあまりエレガントじゃないし、面倒くさい（メンバーと交代で荷物番をするのも案外ストレス）。でもむしろこんな場所でこそ置き引きが頻発しているのが現状だから、ハンディロックのようにサッとさりげなく使えることが重要なのである。

シューッ、カチャッ、で防犯完了。あとはリラックスして「おほほほほ…」。

ねっ。このほうがぜったい楽しい旅行になりそうでしょ。

なお、半額程度の類似品を使ってみたこともあるのだが、笑えるほどあっさり故障したのでやはり本製品をおすすめする。私が笑っていられたのは故障

したのがたまたま自宅でいじっていたときだからであって、あれがもし旅行中だったら「荷物が柱にくっついたままで動けない！」「どうすんのよ！」「飛行機に乗り遅れるー！」みたいなことなっていたのかと思うと、身の毛がよだつ。

もちろんそんなハプニングから「どれ、僕が助けになりましょう」といった出会いに発展する可能性も秘めているのが旅の醍醐味とはいえ、私はできれば鍵の故障以外のきっかけで、それを求めたい。

娘が赤ちゃんだった頃、
乗り物の中で
折りたたんだベビー
カーが倒れないように
固定するのにも
役立った。
ベビーカー
手すり
カチャッ
シューッ

第6章

世界一の家具

Yチェア
ニーチェアX

26 Yチェア

（デンマーク・カールハンセン&サン社）

26 Yチェア

家具好きの人にとっては「ああ、Yね」。さほど詳しくない人でもきっと「見たことある」と思うであろう、知名度の高さでは世界ナンバーワンと言っても過言ではない名作中の名作である。デンマークの家具デザイナー、ハンス・J・ウェグナー氏が1949年に発表した氏の代表作で、正式名称はCH−24。背もたれの支柱の形から「Yチェア」の愛称で親しまれている。「そんな有名どころを今さら紹介？」と鼻で笑われるのを承知でここに挙げるのは、あまりにも有名すぎて食傷ぎみだからとこの椅子を敬遠する人も中にはいるんじゃないか、だとすればちょっと待ったあ！　という老婆心からだ。

インテリア雑誌やマンションのモデルルームにほぼ間違いなくYチェアが登場する状況ってどうなのよと、常々思っているのである。

ええ、理由はわかっていますとも。どんな空間でもYチェアがひとつ置かれるとあら不思議、知的でスタイリッシュで、なおかつほっこり温かい雰囲気までもが醸しだされてしまうんですもの。私が担当者でも「Y、置きましょう」って言うわよ。ふん。

事実、私がこの椅子に最初に惹かれたのは見た目の美しさからだった。

新婚ほやほやの14年前。まだ家具が揃わず、適当な板をキャビネットに乗せた上で食事していたのを、上京してきた大阪の父が「みすぼらしい」と嘆いて無理やり我々を家具屋へ連れていった。感じのいいブナ材のダイニングセットを見つけて購入手続きをしているとき、店の奥にひっそりと一脚だけ展示されていた椅子に私が吸いよせられて「あのお…椅子だけこれに替えてもらっていいですか？」と急遽変更してもらった、それがYチェアだったのである。当時はまだ、それが有名な椅子であることは知らなかった。

そして使い始めて14年を経た私たちの実感は、「Yチェアは世界一座り心地がいい椅子」なのだった。

椅子は座るための道具なのに、座り心地がいいと思えるものに出会うのは案外難しいような気がしている。

個人的には「値段が高い＝いい椅子」とは思わない。姿が美しくてもせっかく職人が手をかけたものでも座り心地がいまいちということは多いし（ステイタスやインテリアとしての価値を求めるならもちろんそれでいいとして）、人間工学に基づいたデザインをうたったものの中には「正しい座り方以外を許さない」ような形状でかえって疲れてしまうものもある。

このYチェアも人間工学をよく考えたデザインと言われているが、それは人間の背骨や骨盤の位置がどうのといったことだけでなく、暮らしの中で椅子が人と接するあらゆるシーン・気持ち・体調をも受け止めるという意味で、「本当に人間をわかった椅子」と言えるんじゃないか、と思うのである。

①あらゆる姿勢を受け入れる

「食卓では食事しかしない」という人は日本の一般家庭では少ないだろう。新聞を読む。だらーっと脱力してテレビを見る。背中を丸めてちくちく縫い物をする。生協の注文用紙をつける。片足を座面に乗っけて足の爪を切る。赤ちゃんをひざに乗せてあーんとものを食べさせる。どんな姿勢もYチェアは受け入れて、しかも楽だ。腰痛持ちの人が食卓の椅子をYチェアに替えてから症状が楽になった、という話も頷ける。

またこれは足が短い日本人の、あるいは我が家人だけの特権かもしれないが、あぐらもかける。

②熱がこもらない

最初は快適に思える映画館や車のシートでも長時間座っているうちに疲れてしまうことが多いのは、人間がじっと同じ姿勢でいられない生き物であると同時に、椅子と体の接地面に熱がこもってしまうからではなかろうか。

Yチェアの座面はペーパーコードという素材を編んだメッシュで通気性がよく、熱がこもらない。夏は涼しく、冬も温まった部屋の暖気をちゃんと通すのでかえって暖かいぐらいだ。最初に座ったときのいやなひんやり感もない。本革やビニールレザーのようにつるつるお尻が滑らないのも、疲れない一理由だと思う。

「ペーパーコードってつまり紙?」と驚く人は多いだろうが、樹脂をしみ込ませてあるので耐久性は申し分なく、また水気にも意外と強い。たとえば醬油やジュース程度の汚れならびっしょり濡らした布でトントン叩いて乾いたタオルでおさえればOKだし、すぐ乾く。

③軽い

意外と語られることのない利点である。片手ではもちろん、片足でちょいと蹴るだけでも軽々動いてくれるので(こらこら)、立ち座りがとにかく楽だ。「起立、礼、着席」の動作を椅子にほとんど手を添えず、足さばきだけで行えるぐらいである(おいおい)。

たとえばお箸を床に落としても、スッと拾える。ちょっとそっちのリモコン取って、あいよ、みたいな動きもパッパッパ。掃除機をかけるときも片手でひょいひょい動かせて、急いでいるときには「おらおら〜ごめんなすって〜」と掃除機のヘッドで押すだけでもなんとかなってしまうのはありがたい。

なお、軽くても安定感があるので、勢いよく立ちあがっても、つかまり立ちの子どもが寄りかかっても倒れることはまずない。

万が一体をこわしたり、これから歳を重ねても、この椅子とならつきあっていける。

そんな確信も、私がこの椅子を一生ものと言い切れる大きな理由のひとつだ。

ただし、ペーパーコードは長く使っているうちに緩んでくるので、張り替えが必要。うちの場合は使用12年目で「さすがにこれは」となって張り替えに出した。費用は一脚1万5000円〜1万9000円前後。かつてはデンマークへの輸送にもっと時間もお金もかかったが、最近は国内でも張り替えてくれる工房が増えたので、所要日数は10日〜2週間で済むらしい。

じつは私が「Yチェアってすごいなー」とつくづく実感したのは、遅ればせながらこのときだった。張り替えにはそれなりのお金も時間もかかるというのに、なんの躊躇も、「いっそ別の椅子を買うか」という考えも、いっさい浮かばなかったからだ。

へえー。私の人生の椅子選びの旅は、家具屋で目を奪われたあの瞬間に早々と完了していたんだと、我ながら感心したのである。

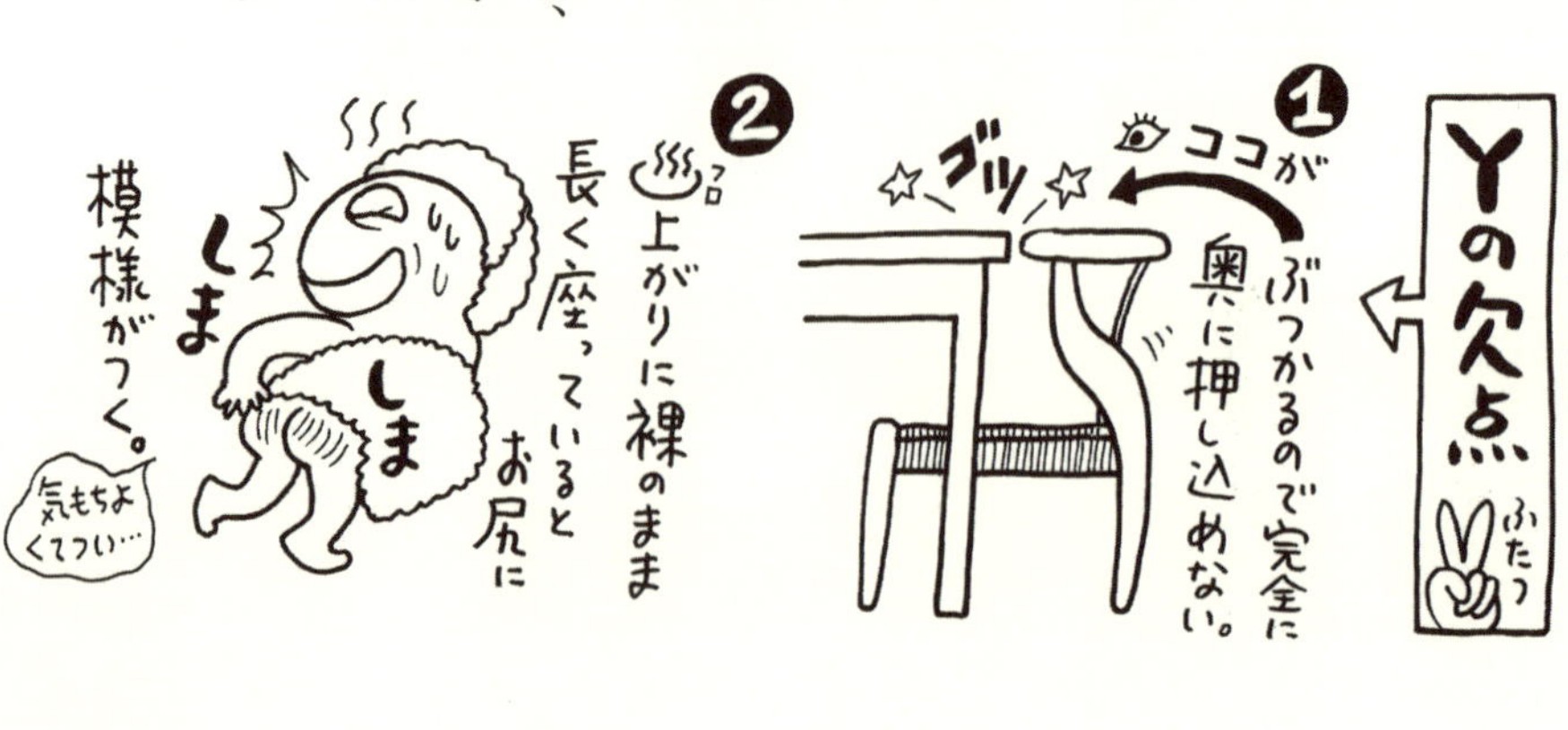

27

ニーチェアX

（ニーファニチア）

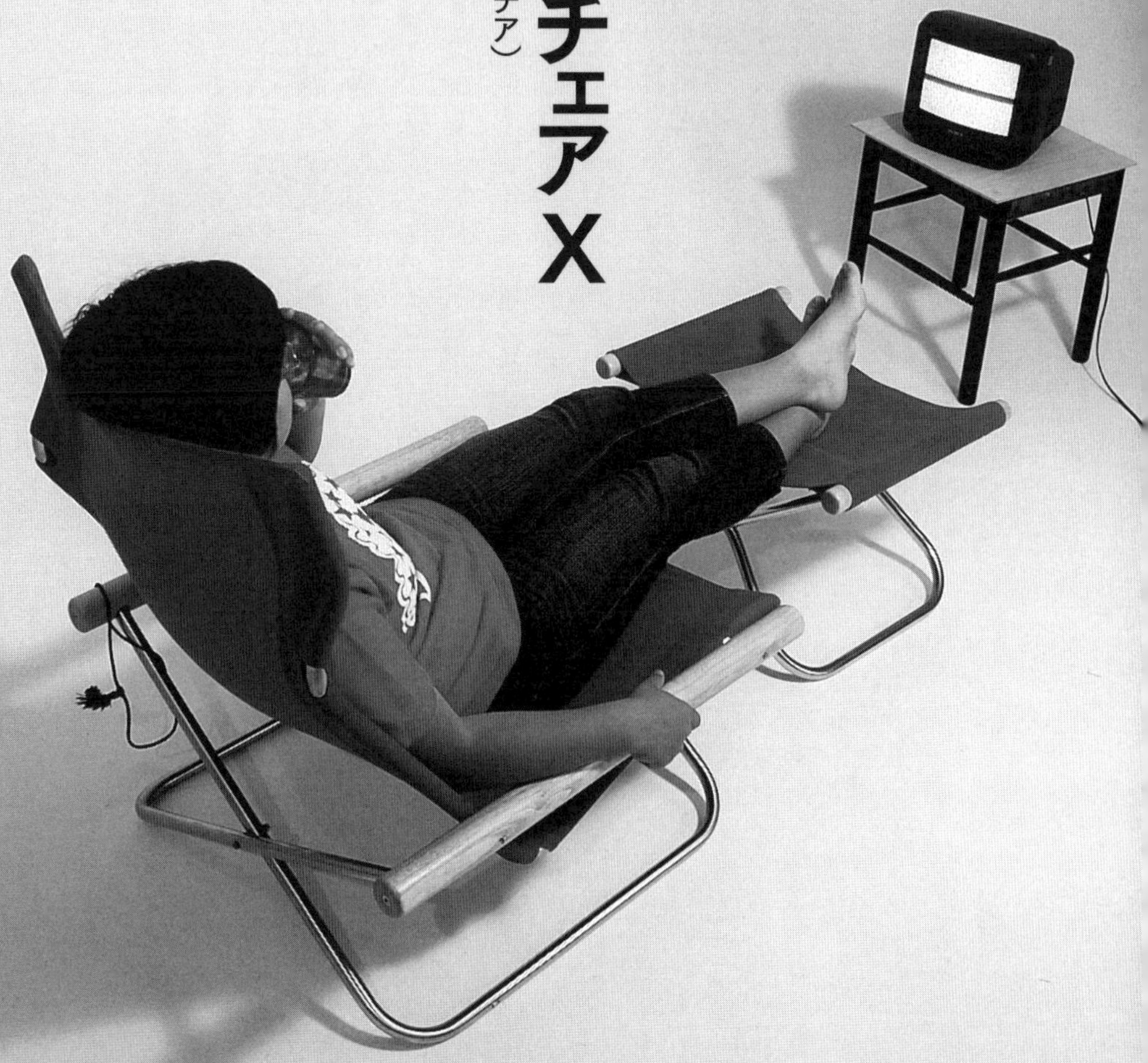

だまされたと思っておひとつどうぞ、以上。

そんな椅子である。かっこいい、世界一、よっ大将。どんな言葉で称賛しても足りないし、もはやじたばた説明するのが野暮に思えるほどのキング・オブ・安楽椅子なのである。

念のため解説しておくと、生みの親は徳島県の家具デザイナーの新居猛氏（1920〜2007年）。「世界の名作椅子」といった特集に必ず登場するので外国人デザイナーの作品と思っている人が多いみたいだが、違うのである。MoMA（ニューヨーク近代美術館）に収蔵され、数々の名だたる賞を受賞していることからも世界的に認知された名デザインであることがわかるが、そんなことよりもっと顕著にこの椅子の素晴らしさを物語っているのは、1970年代に発売されて以来の販売実績が国内で80万脚・国外で20万脚という数字じゃないかと思う。

いわゆる名作と呼ばれる椅子のほとんどが、美しさや高機能に加えて高価という特長もあって憧れの対象になる中で、このニーチェアだけは驚くほど値段が安い。私が買った10年前で2万1000円、別売りのオットマンを合わせても3万円（今も価格は変わらず、ネット通販などではこれより安いこともある）。もちろんホイホイ気軽に出せるお金ではないけれど、家具を買う金額としてはよいしょっの一息でちゃんと手が届く範囲と言えるだろう。それが普及のひとつの大きな要因だと思うし、私がこの椅子に惚れ込んだ一理由でもある。

新居氏は「心地よく、丈夫で、とことん安く。いわばカレーライスのような椅子」を作りたくてこの椅子を開発したそうな。だから構造は、木製の肘かけ・綿100％の帆布・ステンレスのパイプだけと、いたってシンプル。大量生産によるコストダウン、メンテナンスの安易さも、新居氏にとっては「人にとって快適な椅子」に不可欠だったにちがいない。この心意気。

世界一の家具　27 ニーチェアX

惚れるじゃありませんの、ねえ。

そもそもは、ずっとソファがほしかった。でもただでさえ狭い部屋に、これから子どもの勉強机やピアノなんかが増える可能性も考えると二の足を踏まざるをえない。そんなとき、ある大学教授が「この椅子で本を読むのが至福のときです」とゆるゆるの顔で語っている雑誌記事を見て、およそ2年後に店頭で実物に座ってみて「ああこれが」と納得したのである。

それでも念のため「外出したときは多かれ少なかれ疲れているのでどんな椅子であろうと座れば楽に思えるものだ」と疑ってかかる意地悪な消費者は、あれこれ体勢を変えたりあぐらをかいたりと、のべ2時間以上試しつづけてみたのである。でもついに不満点をみつけることはできず、さらに言うとその後も見つけられないまま現在に至っており、ソファへの憧れは「いつかもうひとつニーチェアを買うぞ」という野望に移りつつある。といっても、野望というほど遠い夢でなくて済むのもニーチェアの嬉しいところ。

この椅子に腰かけてオットマンに足を投げ出したときの全体重から解放されたような心地よさをわかってもらうには、「とにかく一度座ってみて」としか言いようがない。同じ買うならぜひオットマンも同時購入するのがおすすめだ。

余計な話だけど、この文章を読んだ知人たちが「えっ？　あんたのあの狭い家にそんなものあったっけ？」といぶかしむのは目に見えている。そうだろうとも。ふだんはぱったりと折り畳んで、夜中に本を読んだり映画のＤＶＤを見るときにしか使ってないからね。

「いったいどこに隠してあるのよ」ってか？　へっへっへ、さっき君が玄関からこの部屋に入ってきた壁ぎわに、ひょっこり立ててあったでしょうが。

はみだし
買ってよかった！
⑤
ねちねち
もともとキズあり
63.5cm
桐はやわらかくてキズがつきやすいんやでーッ
と、
いちいちカリカリせずにすむのはこのキズのおかげ。
ひと抱えサイズ
重さ約3.5kg
新生児ぐらいね
折りたたみ式
桐《きり》のちゃぶ台
(ベトナム製 10,000円)
さすがは桐《きり》。
とにかく軽い！
新宿の百貨店で
一万円っ
ほた〜るの〜ひーかーり♪
買った！
① キズあり現品
② 閉店まぎわ
ということで実現した超お買い得価格。
あらよっ♪
NAKED MJ
すいっ
片手でラクラク
ありがとうベトナム!!
実はこのちゃぶ台、日本の桐たんす企業が「たんすの需要減により加工技術が廃れる」ことを懸念してベトナムに技術指導におもむき、そして作られたものなんだそうな。
ベトナム料理も似合うよ〜♡

第7章

デスクの兵隊

トンボ鉛筆MONO100
電動鉛筆削り機KP-4D
段ボールのこダンちゃん

28 トンボ鉛筆MONO100（トンボ鉛筆）

「人類最大の発明は何か」という話になったときに必ず挙げられるものといえば、車輪・ネジ・火薬・羅針盤などが定番だ。でも私なら、迷わずこう答えよう。

「ずばり、鉛筆でしょう」

もし鉛筆がこの世になかったら。

画家はキャンバスに下書きができず、建築家は設計図の手直しに苦労し、小学生は作文用紙に向かうとき緊張を強いられる。漫画家はいきなりペンで墨を入れ、受験生はたとえ間違いに気付いてもマークシートの答えを変更できず、デッサンからは濃淡が消え失せる。

あな恐ろしや、あな味気なし。こうしてちょっと考えただけでも鉛筆がいかに人類の文明に貢献し、今なお不可欠な道具であるかを痛感するではないか。

とにかく鉛筆ほどシンプルで、人間の手の動きや思いにダイレクトに連動して働いてくれる道具はほかにないのである。失敗して消すことを許し、「キャップしないと乾いちゃうじゃん」と責めたり「バッテリーを充電してください」と要求することもなく、削られちびてこそ己の存在意義よと生をまっとうする。そんな鉛筆みたいな人間に、私はなりたい。

と言いながらもこの文章もパソコンのキーを打ちながら書いていたりするのだが、それでも鉛筆のない生活は考えられない。私の場合は絵を描くのに必要ということもあるけれど、たとえば喫茶店で考え事をするときや電話で誰かと話しながらごちゃごちゃ落書きをするときにも、やっぱり鉛筆がいちばんしっくりくるのである。

パソコンから「保存しますか?」と聞かれたら「いいえ」で消去してしまうに決まってるような、どうでもいいプロセス、迷い、意味のない手の運動。それをただ黙々と媒介する鉛筆。だからどうってことない、だけどそこはやっぱり鉛筆でなくちゃダメなんだ。

私が愛用しているのはトンボ鉛筆のMONO100というシリーズ。一本150円とちょっと高めだが、まさに「鉛筆の気持ちよさここにあり!」という逸品だと思う。

かつて芸術大学を目指してデッサンを習い始めたとき、仲間といっしょにはりきって画材店で求めたのは一本180円もする外国製だった。でも紙に触れる感触が硬すぎる気がして手にも馴染まず、結局仲間も私も日本製に落ち着いた、そのときからのつきあいである。手から伝わる強弱を素直に受け止めて、ときどきハッとするぐらい美しい線や面を紙の上に写してくれる。

特に薄い(硬い)のが好みでない場合は2Bがおすすめ。粒子が細かくて書き味がなめらかで紙へのつきもよく、消しゴムあともすっきり。カッターで削るときの木の感触が他社の同格のものと比べてやわらかく感じられるのも、鉛筆同士がこすれあうカラカラっという音がなんとなーく高級っぽい気がするのも、お気に入りの理由のひとつだ。

問題です
鉛筆の芯はどうやって入れるのでしょう?
A ねじこむ。
ぎゅっ
ぎゅっ
B 注入する。
むにゅ〜っ…
ぱたっ
C サンドする。
知らなかったでしょう
ふっふっふっ……
正解はこちら
正解 C サンドしてから接着してます。

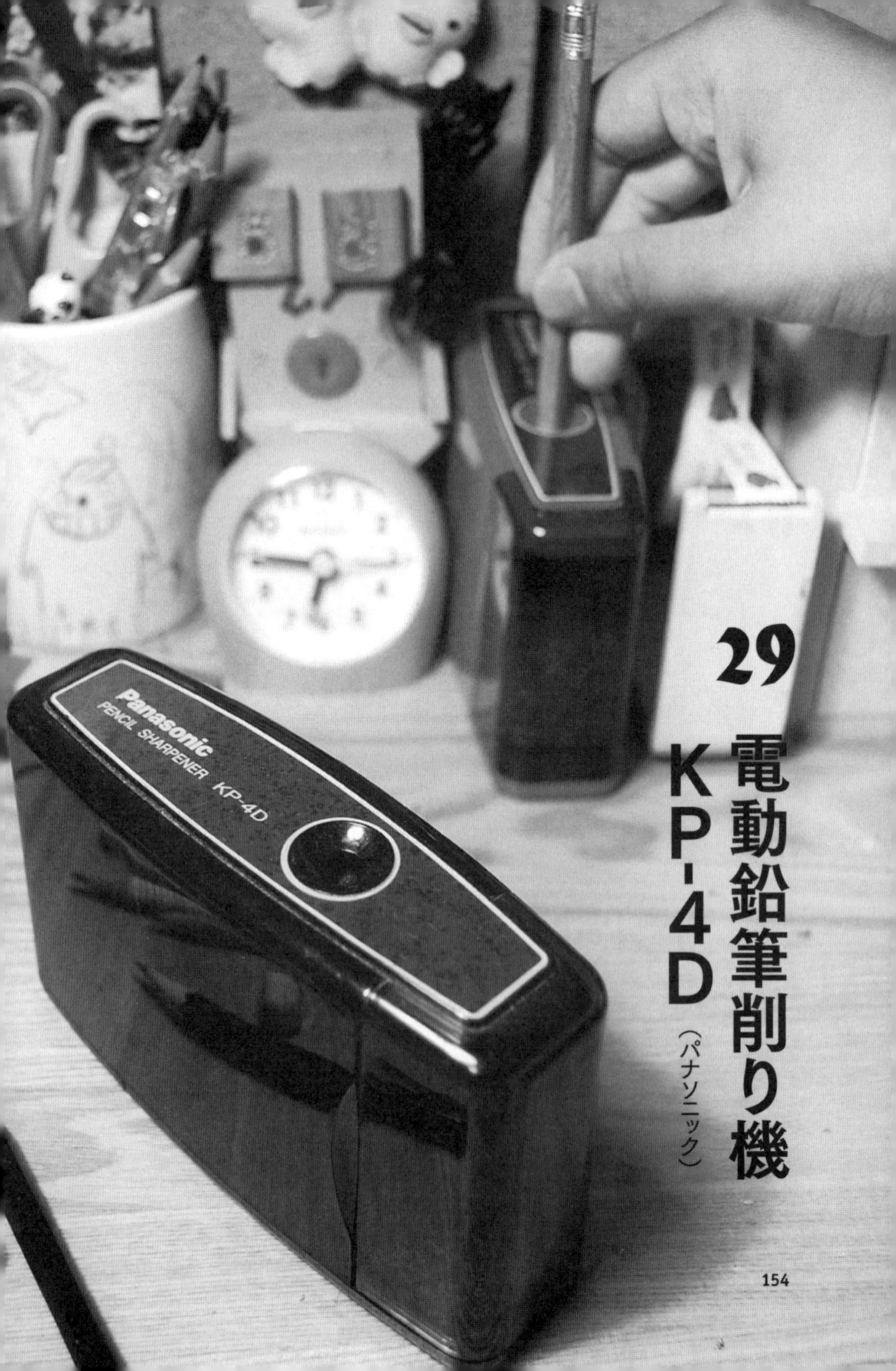

29 電動鉛筆削り機 KP-4D（パナソニック）

娘が生まれたとき、特にこれといった教育方針を打ち立てたわけではなかったが、鉛筆だけは自分で削れるようになってほしいと思った。

動機は話せば長くなるので要約すると、私がかつてフィリピンで出会った子どもたちが高さ15メートルぐらいの崖から海に飛び込んで遊び、ついでに海中からくわえてきた魚をナイフでさばいてあぶってムシャムシャおやつとして食べるのを見たときに「負けた」と思ったからである。せめてカッターぐらいは使えないと、やつらには勝てっこない。

2歳後半から手を添えて教え始めると、娘は3歳ごろから親の補助なしで上手に鉛筆を削れるようになった。娘にしてみれば当たり前のことを大人たちが「すごーい!」「かっこいい!」と大騒ぎしてくれるものだから、本人はますますはりきって鉛筆削り道に磨きをかけていったのだった。

さて、そんな母親が「どうしたものか」と頭を悩ませることになったのは、娘の小学校入学を目前にした春だった。これからは毎日、何本もの鉛筆を使うのである。毎日ランドセルから出し入れする教科書やらプリント、上ばき・体操着・給食服と、準備するものがどかっと増える。娘の性格からして「おかあさま、すべて前夜のうちに準備は整っております」という状態は想像しがたく、鉛筆を削るだけで精一杯になるのではないかと思った。

ここで母親は、とうとう娘にハンドルをグルグル回すタイプの鉛筆削り器を買い与える。せっかく身についた技術が廃れるようで無念だったが、円滑な家庭生活（私と夫のイライラ緩和）のためにと苦渋の思いで踏み切ったのである。

いっぽう私のほうは、鉛筆はいぜんカッターで削り続けていた。

デッサンを習った学生時代に「クリエイターたるや鉛筆は自分で削るのが正しい」と教え込まれたこともあるし、なにもかもがスイッチポンの生活に多少なりとも抗う部分を持っていないとダメになるという思いがあったからだ。やはり人間はきちんと刃物を使えるほうがいいに決まっているし、鉛筆と向き合うことが集中力を高めるひとつの儀式のようにも感じていたから、「鉛筆は自分で削るべき」という確信は揺らぐことはなかったのである。

しかしそんな自制心とこだわりは、ある日を境にいともあっさりと崩壊したのだった。あるドキュメンタリー番組の中で、アニメ監督の宮崎駿氏が仕事場で鉛筆を「うぃ〜〜ん」と電動鉛筆削り機につっこむのを目撃した瞬間である。

──んだ。世界の宮崎駿も鉛筆削り機使ってるんじゃん！

根拠になってるようなまるでなってないような理由だが、とにかくそういうことで使い始めたのがパナソニックのＫＰ－４Ｄである。コンパクトで場所をとらず、電池式なのでコードのわずらわしさがない。電池は意外なほど長持ちし、この一年半ほぼ毎日使っているのに取り替えたのはまだ一回きりだ。鉛筆の仕上がりも理想的だし、なんといっても手で削るより早いこと早いこと！

ちなみにこれは番組の中で宮崎氏が使っていたのとまったく同機種で（たはは…）、あまりにも使い勝手がいいものだから娘にも11歳の誕生日に色違いをプレゼントした。

おっと。と言っても、断じて我々は堕落の道に甘んじたわけではない。

娘に包丁使いのスパルタ教育をほどこしているのはほかでもない、「打倒フィリピン人の子ども」という野望を、けっしてあきらめたわけではないからである。

30
段ボールのこダンちゃん
（長谷川刃物）

「〇〇専用」とうたわれた道具は、たしかに便利。

でも用途にあわせて買い始めるときりがなく、際限なくものが増え、引き出しの中が雑然となって結局使わなくなってしまったなんてことも少なくないので、売り子さんの言葉にわりと感化されやすい私は「便利グッズ市」といった催しコーナーの前を通るときには用心することにしている。

でもこれは買ってよかった、ぜひ一家に一本と思っているのがこのダンちゃんである。

ダンちゃんは「段ボールを切る」使命だけを背負って世に送りだされたのこぎり。すなわち段ボール専用のペーパーナイフだ。両面がギザ刃のステンレス製。一本390円。私は生協のカタログで見つけたが、文房具店・ホームセンター・ネット通販でも手に入るらしい。

ダンちゃんの何がいいって、段ボールをカッターで切るときのあの「シュッといくかも、シュッと」という恐怖がないことだ。

そう。切りたいと思うところだけを思ったように切るのが、カッターでは案外難しいではないか。でもダンちゃんなら切りたい箇所に刃をあてて、薄いものならスライドするだけで、厚いものでものこぎりを引く要領でちょっと前後すれば軽い力でザクザク切ることができる。ザックリいきすぎて箱の中身まで切ってしまったというような悲劇も、めっきり減った。

段ボールを切る作業は床の上で行うことも多い。ちょっと手を止めて床に置く際、カッターはうっかり踏むと危ないからと、いちいち刃をチキチキ収納する人はきっと多いんじゃないだろうか。

ダンちゃんだって踏んじゃ危ないに決まっているが、よっぽど運悪くストライクな角度で踏

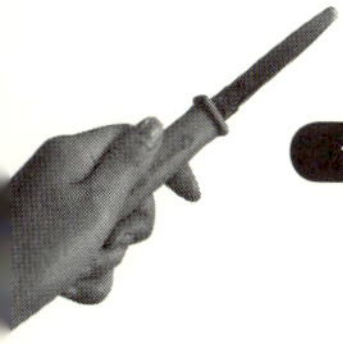

まない限り大丈夫だろうという形状だから、作業のかたわらにひょいっと置いても、またまわりに人がいてもカッターほどの緊張感や危険性はともなわず、作業もスムーズなのである。なお、しゃらしゃらの梱包紐、粘着テープや伝票が貼られた部分もこれ一本で切開できる（粘着テープのねばねばが刃について切れ味が落ちたらシールはがしのスプレーや中性洗剤で手入れすればＯＫ）。

直線・カーブも思いのままに切れるダンちゃんは、もちろん子どもの工作にも最適だ。

うちの娘は刃物の使い方をとことん仕込んであるとはいえ、それでもお友だちとワイワイやっているときにカッターを使わせるのは躊躇がともなう。でもダンちゃんだけは、いくつかの約束事をしっかり言い聞かせ、つかず離れずで目を届かせながら使わせることがある。

「ねえ桃ちゃんのママ、この箱もらっていい？」

「ああ、いいよ」

次に子どもたちの様子をうかがいにいったとき。さっきまで資源ゴミだったエアコンの箱なんかがヒーローの秘密基地や宇宙船になっているのは、もう単純に愉快だし頼もしい。

ダンちゃん一本で、君たちは強くもなれるし、空も飛べるんだねえ。

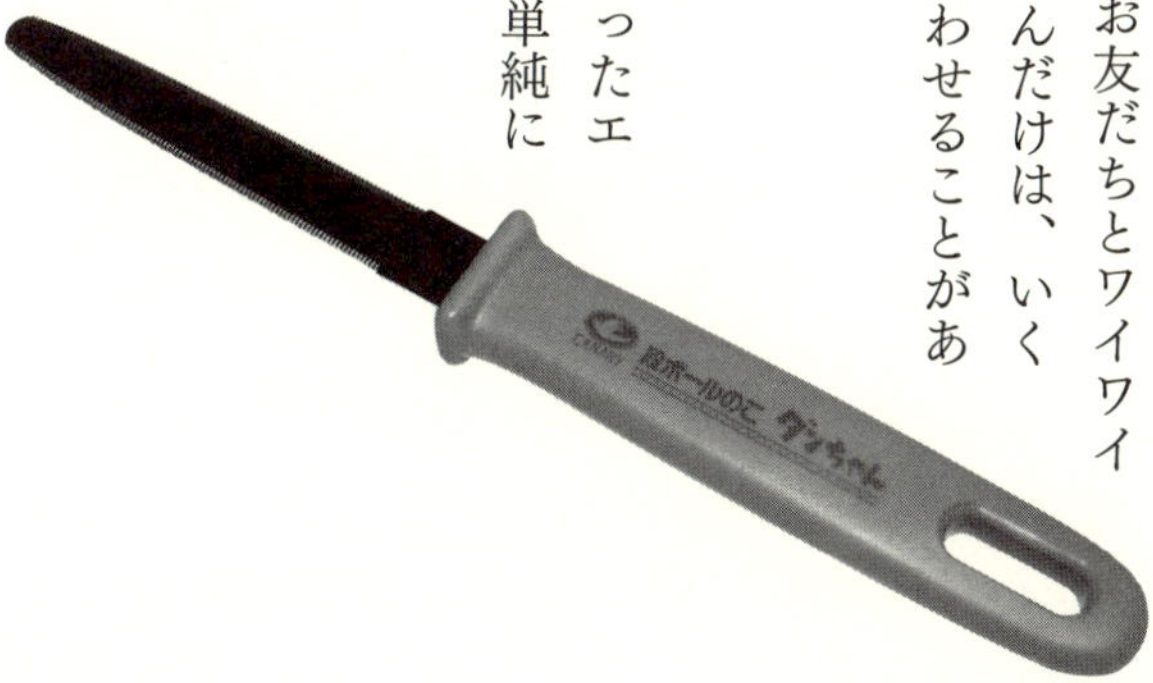

はみだし
買ってよかった！
⑥
スクラップ用ロングはさみ
本書本文に登場する「段ボールのこダンちゃん」と同じ
岐阜県の「長谷川刃物(株)」の商品。
1600円
全長
25.5cm
刃渡り
14cm
"刃渡りが長い＝1ストロークが長い"ので
ちょきちょきちょきちょき…ではなく
ざくっ×数回で
切り抜くことができる!!
①ざくっ
②ざくっ
③ざくっ
④ざくっ
うほほ…♪
完了♪〜♪
ふんっただ長いだけじゃん
一般的なはさみ
15〜18cm
7〜8cm
"新聞読んでる途中の一時停止"が
パッと済む勢いは
快感。なぜだか
わはは……
私はこの記事を手中におさめた
↑という気分が
フツーのハサミで切るより
盛り上がったりもするんですな〜〜。

第8章

人生のいろどりあん

ティファニーのトランプ
四角いビニールプール
かき氷マシン／きょろちゃん
綿のプレタきもの
１６０円の豆だるま
遺影用の写真

31 ティファニーのトランプ

（ニューヨーク・ティファニー本店）

言わずもがな、ティファニーはニューヨークの五番街にある世界一有名な宝飾店。

なんといってもオードリー・ヘップバーン主演の映画「ティファニーで朝食を」の冒頭シーンが有名だが、私が最初にその存在を知ったのは、小学生の頃に見た宝塚歌劇の舞台だった。

もしも私が千万長者　大きな遺産を持ったならば
すぐに行きましょう五番街へ　女性の夢が並んでいるの

たしかこんな内容の歌にあわせて淑女たちがくるくる舞い踊り、「それならティファニー、それならティファニー…♪」というコーラスで終わる、夢のように美しい一場面。

それが実在する店の名前という認識は当時はなかった気がするが、「ティファニー」という響きはこうしていち有名ブランドとしてではなく、憧れの代名詞として小学生の脳みそに刷り込まれたのだった。

その扉をじっさいにくぐることになったのは、それからおよそ20年後のことである。

ニューヨークに着いたらちゃんと五番街というエリアがあって、そこには本当に[TIFFANY&CO.]というロゴが刻まれた建物が建っていた。当然といえば当然なのだが、私はまずそのことに「へええ」と感心したものだった。

旅に出て、目的の場所やものが目の前に現れたとき、「ついに来た！」という喜びよりも「うわあ…本当にあったんだ」と驚くほうが先に立つのは私だけだろうか。遺跡であれ店であれ人であれ、そこに落ちているゴミでさえ、旅というのは見るもの触れるものすべてが本物というところがすごいなあと、旅に出るたびつくづく感じるのである。

そしてドアマンによってうやうやしく開かれた扉の奥には、あの歌詞で唄われたまんまの世界があった。

トップレディーの襟元にのみふさわしい、ダイヤモンドにエメラルド。地球の美というエキスを吸い上げたみたいな、サファイヤ、ルビーにオパール……。保存された遺跡でも映画のセットでもなく、ちゃんと現在進行形で営業している店なんだよなあ、これが。

日本人観光客で賑わう店内を泳ぐようにさまよって、そして購入したのがこのトランプである。

ピーチスキン加工のティファニー・ブルーの箱は引き出しみたいになっていて、赤とロイヤルブルーの二組のトランプがおさまっている。箱の表面には、ティファニーのロゴの金の箔押し。値段はたしか25ドル。当時私の財布には雀の涙ほどのお金しか入っていなくて、それをかき集めて、その旅で唯一買ったものがこれだった。

憧れを憧れのまま持ち帰った。だけどそれは夢ではなく、まして幻ではなく、確かな重みをともなってポケットの中にすっぽりとおさまったのである。

さあ、ゲームが始まりますよ。

神経衰弱、ババヌキに、大富豪。世にも美しい54枚のカードが舞います暴れます。

おっしゃ来たーっ。しまった手放したーっ。さて次の切り札は？

いやあもちろん、これを使ったから強くなれるというわけではまったくないけどね。

32
四角いビニールプール
（メーカー不詳・東都生協）

きっと誰もが感じていることだと思うけれど、暮らしの中で、あるいは旅先で、ふとした瞬間に思いがけない光景が生々しく蘇ってくることがある。

たとえば私の場合は、こんな感じだ。

アスファルト工事の横をすり抜けたときに、小学生だった頃の通学路を。

スーパーカブが排気ガスを吐いて走り去ったあとに、インドの混沌とした雑踏を。

銀装のカステラの包みをあけた瞬間、祖父が養生のために休んでいた部屋を。

それらを呼び覚ますのは、どうやら「匂い」のようである。

写真にも残らず、特に記憶に留めようと意識したわけでもないものが自動的に再生されてしまうのだから、嗅覚で感じたものは思った以上に深く・大きく、人間の感覚に刻み込まれるものなんだろう。

そして数年前の6月のある日、近所のマンションの駐車場わきを通りかかったときにも、やはり強烈に感じたのだった。

「あっ、夏の匂いだ」

子どもの頃に確かに吸い込んだ。それは水の入ったビニールプールの匂いだった。

道路から姿は見えないが、きゃあきゃあとはしゃぐ声と水音から、2～3人の子どもが水遊びをしていることがわかる。その日は6月にしては気温が高めだったから、せっかちな子どもにせがまれた親がプールを物置から引っぱり出してきたんだろう。

その晩に、生協のカタログで見つけて注文したのがうちのビニールプールである。円形でなく、長方形というところがちょっと珍しい。

じつは娘が生まれたときに先輩ママから立派な丸いプールをおさがりでいただいたのだが、狭いベランダに無理やり押し込んでレモン型にひしゃげた状態で使ったためか、穴があいてオシャカになってしまったのだ。

賃貸マンションの3階の我が家には当然庭がなく、唯一水遊びができるベランダも奥行きが浅い。その後、そこにおさまるものをと探してはみたのだが、一般的な円形プールは、ベランダの奥行きにジャストサイズの直径のものだと「幼児1〜2人で満員です」という程度の小さいものになってしまう。娘が小学生になっても使えて、せめて3人ぐらいでワイワイ遊べなければ値打ちがないじゃん、と、購入を踏みとどまっていたのだった。

その点を、四角プール君はしっかり克服してくれたわけである。

長方形なので、大きいわりには狭いベランダにもすっこりおさまり、幼児なら3人が並んで横たわることもできる。大人でも座って足を伸ばせる。

さらにこの四角プール君には、夏以外の季節にもさんざん働いてもらうことになった。

娘が保育園〜小学校に通っていた頃、同級生たちの家族がうちに集まる機会がしばしばあった。運動会や神社のお祭り、保護者会のあと。引っ越していった一家が久々にこの町内を訪れるとき、などなど。子育てを助けてくれる親戚が近くにいない核家族（ほとんどがそうだった）にとって、子どもを通して結びついた地域のつながりは固く、なにかと理由をつけては寄りあってワイワイやっていたのである。

こういうとき、うちの中を「大人の国」と「子供の国」のふたつにきっちり分けるのが我が家の定例だった。ふたつの国の間は、「国境」という名のふすまで閉め切ってしまう。

「ここからこっちは大人の国。子どもはあっちの子供の国で遊びなさーい」

「は————————い!!」

そのときにしばしば活躍したのが、ほかならぬ四角プール君というわけだ。

使い方は次の通り。
①子どもの領域となる和室に、あらかじめ空気を入れたプールを置いておく。
②スタッフとして働ける子どもを宴会開始時刻よりも早めに招集し、先にごはんを食べさせておなかを満足させておく。
③ゴム風船のお徳用パック（100個入り800円ぐらい）と空気入れを渡し、「このプールを風船でいっぱいにせよ」という使命を言い渡す。
ほらね、もうおわかりでしょう?

子供の国に風船プールが完成すれば、ホッホッホ、あとは大人の思うつぼ。宴が始まってから親が「帰るよ」と声をかけるまで、子供の国から出てくる子はほとんどいない。トイレに行きたい子、いじけた子がたまーに這い出してくるぐらいだ。

やがて彼らが大人になって、ホームセンターやおもちゃ屋さんでビニールプールに触れたり、あるいは夜店で娘や息子に風船を買ってやったときなんかに。

なぜか夏のものではない、蛍光灯に照らされた6畳間、そこにぎゅうぎゅう詰めの汗ばんだ友だちとかつての自分。

そんな情景が脳裏を一瞬でもよぎったら愉快だなあと、考えるのである。

うちの法律をご紹介
子供の国では
その一 飲食禁止。
ジュースやお菓子がほしい時には……
国境
のどかわいた〜
大人の国へ。
大人の国
子供の国
その二 風船は割っちゃダメ。
音が近所迷惑になっちゃうので。
法律を破る子どもはおらんかったな〜
だからおひらき時にお持ち帰り

生後7か月
はいはい＋つかまり立ち
海よりも目の前のものに
興味がある時期。
わっわっ
ゆき
ゆき
ビニールプールは
子連れ旅でも
大活躍
したよ!!
①ビーチでの安全地帯として
もちろん目を離すわけにはいかない
けれど、砂を口に入れたりする心配が
減り、気が楽だった。
げげげっ
ずりずり…
こんなこともした
ずり
②簡易ベビーゲートとして
・行っちゃダメな所
・手をはさみそうな所
ガードするのに
とりあえず…
役立った。
こんな使い方
したからオレは
否めない…
先代
オシャカになったのでは？

33 かき氷マシン／きょろちゃん

（タイガー魔法瓶）

私はデザインや設計についてはズブの素人だが、素人なりに「これはきっとデザインするのが難しかろうなあ」と推察しているアイテムがいくつかあって、そのひとつが家庭用のかき氷マシンだ。

まず、それなりに大きい。

食べ物を作る道具としてはかなり大きく、けっこうな存在感を放つ。「使って乾かしてもまたすぐ使う」と夏の間出しっぱなしにする家庭も多いから、引き出しにしまいこむ小物よりもよっぽどインテリア性を要求されるのである。

とはいえ形と構造はすでに決まりきっているというのが、デザイナー泣かせなんじゃないかと思うところだ。かき氷器に不可欠なのは「ハンドル＋氷を入れるところ＋受け皿を置くスペース」という三要素だが、一般的なかまくら型のかき氷マシンはこれらをとっくに満たしており、それ以外の奇抜な形や仕組みはもはや考えられそうにない。

「ならば色や素材でスタイリッシュに仕上げればいいじゃん」と思うところだが、かき氷マシンにはあともうひとつの大きな課題が課せられているのである。

それは「子どもが喜ぶデザインでなければならない」ということ。

もちろん独身男女や大人だけの家庭でも使うことはあるかもしれないが、圧倒的多数の購買層は子どものいる家庭であり、大人が子どもを喜ばせようと買うのである。スーパーの日用品売り場やホームセンターで「買うかあ」と思い立ったかたわらにはすでに自我の芽生えた3～7歳の子どもがいて、たとえ親が比較的シンプルなものを選ぼうとしても「ドラえもんのがいい～」「ピング～」という声に押し切られるのは当然の展開だから、企業はマーケティング的

に子どもにウケるものを作らねばならない。

私はどちらかというと「べつに子どもの主張ばかりを尊重しなくたって」と考える大人だが、それでもやっぱり、かき氷マシンは子どもが喜ぶものがいいなあと思っている。だって子どもにとって、夏のかき氷タイムほどわくわく楽しい時間は他にないではないか。冷蔵庫からガチャガチャッと氷を出して、マシンにセットする。子どもが「僕がやるー」と必死でハンドルを回すも、たいして効率があがらず、大人が交代すると驚くほどのスピードで白くかかれた氷が器の中で山になっていく。

シュリシュリシュリシュリシュリシュリシュリ……ふう、いっちょうあがりい。

鮮やかなシロップがきらきらの山肌をつーっと溶かす、はかなくも美しい姿。金属製のスプーンで、シャクッと混ぜる心地よさ。そしていよいよ一口目を口に運んだ瞬間の、キーン、ぶるぶるっ。「んはー、おいしひー！」

そんな至福の時間の主役はやはり子どもであるからして、かき氷マシンは子どもが喜ぶデザインであるに越したことはないと思うわけだ。

が、だからといって「とりあえず子どもにウケるからキャラクターをくっつけたんです」と開き直ったような商品の氾濫には、まったく感心しないのである。

ああもう、とにかく「きょろちゃんを見よ！」と言いたいのである。

若い方はご存知ないだろうが、「きょろちゃん」は昭和50年代にタイガー魔法瓶が発売して大ヒットした手動式のかき氷マシンだ。ハンドルを回すとクマの目が左右にきょろきょろ動くのが特長で、これがむちゃくちゃかわいい。当時の子どもはみな憧れたものだが、うちにはすでに父親が取引先からもらってきた青と白のツートンカラーの地味なだけのマシンがあったため当然買ってもらえるわけはなく、取引先の人をうらめしく思ったのをよく覚えている。

だからいま我が家にあるきょろちゃんは10年前に下北沢のアンティークショップで見つけた、つまり自分が子どもの親になってから購入したものだ。

奇跡的にも箱入りの新古品で3800円。家庭用かき氷マシンの相場の1000円～2000円前後より大幅に上回るとはいえ、子ども時代の枯渇感を満たすばかりか、そのあまりにも完成度の高いフォルムを前にはひとかけらの躊躇も浮かばないのだった。そしてそのときき ょろちゃんに出会えたのは、本当にラッキーだったと思っている。

きょろちゃんは間違いなく、おそらく世界的にも「家庭用かき氷マシンの最高傑作」と言えるのではないか。

とにかくかき氷を作るために必要な機能すべてが無駄なく違和感なく、見事なまでにクマの形に置き換えられているのである。よく見ると手と足の区別がつかないのだが、全体のフォルムから受ける印象はお座りしているクマであって、後ろにちょこんと飛び出した丸いしっぽで安定感を増すことにも成功している。

でもこれが世界一と思うゆえんはやっぱり、目がきょろきょろ動く楽しさと愛らしさ、これにつきるだろう。

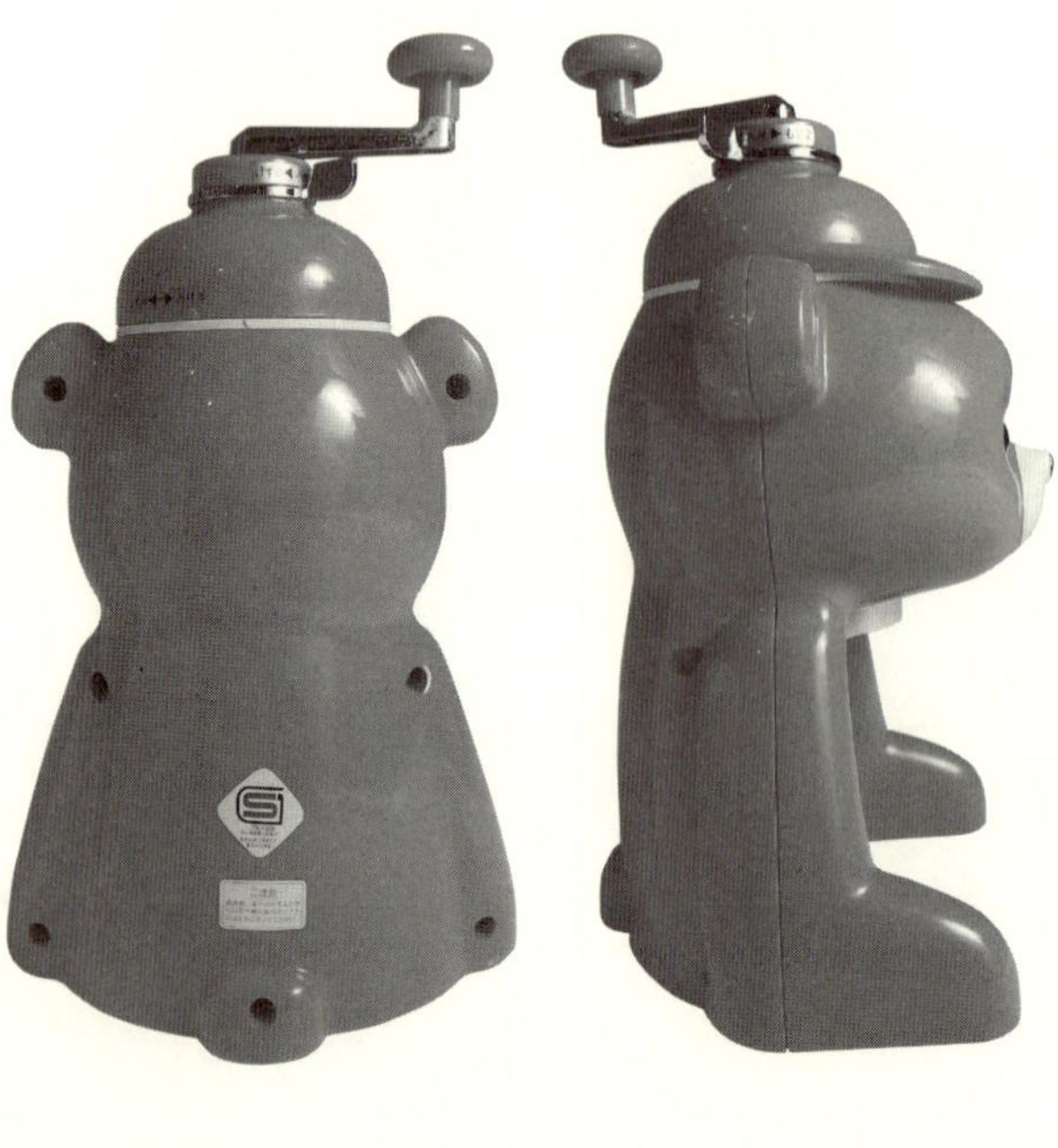

ハンドルで氷をかく係も、器をぐるぐるまわす担当も、かたわらで見守るのも、子どもも大人も、きょろちゃんはみんなにとって楽しい。タイガー魔法瓶はもうかき氷マシンを製造・販売していないというが、なんとかリバイバルしてもらえないかしらん。

がんばれ、がんばれ、きょろちゃん！

シュリシュリシュリシュリ…

きょろきょろきょろきょろ…

シュリシュリシュリシュリ…

ほおらできたよ。おまえ、先に食べなさい。

父ちゃんのも作ってあげる！

いいよいいよ。きょろちゃん、もう疲れたってさ。

ちょっとだけ、ちょっとだけ！

わかったわかった、じゃあお願いしようかな。

シュリッ、シュリッ、シュリッ…きょろり、きょろり、きょろろっ

はい、ありがとう。今日はもうこれで、お・し・ま・い。

何に不安を感じることもなく、守られ、包まれ、自分のヨロコビを追求して生きてさえいればいい夏の午後。大人のほうもそれをただ喜んでいればいいのだけれど、そんな季節はいうほど長くはないものだから。

だから、ね。やっぱり。

かき氷マシンは、きょろきょろ目が回るほうがいいに決まってる。

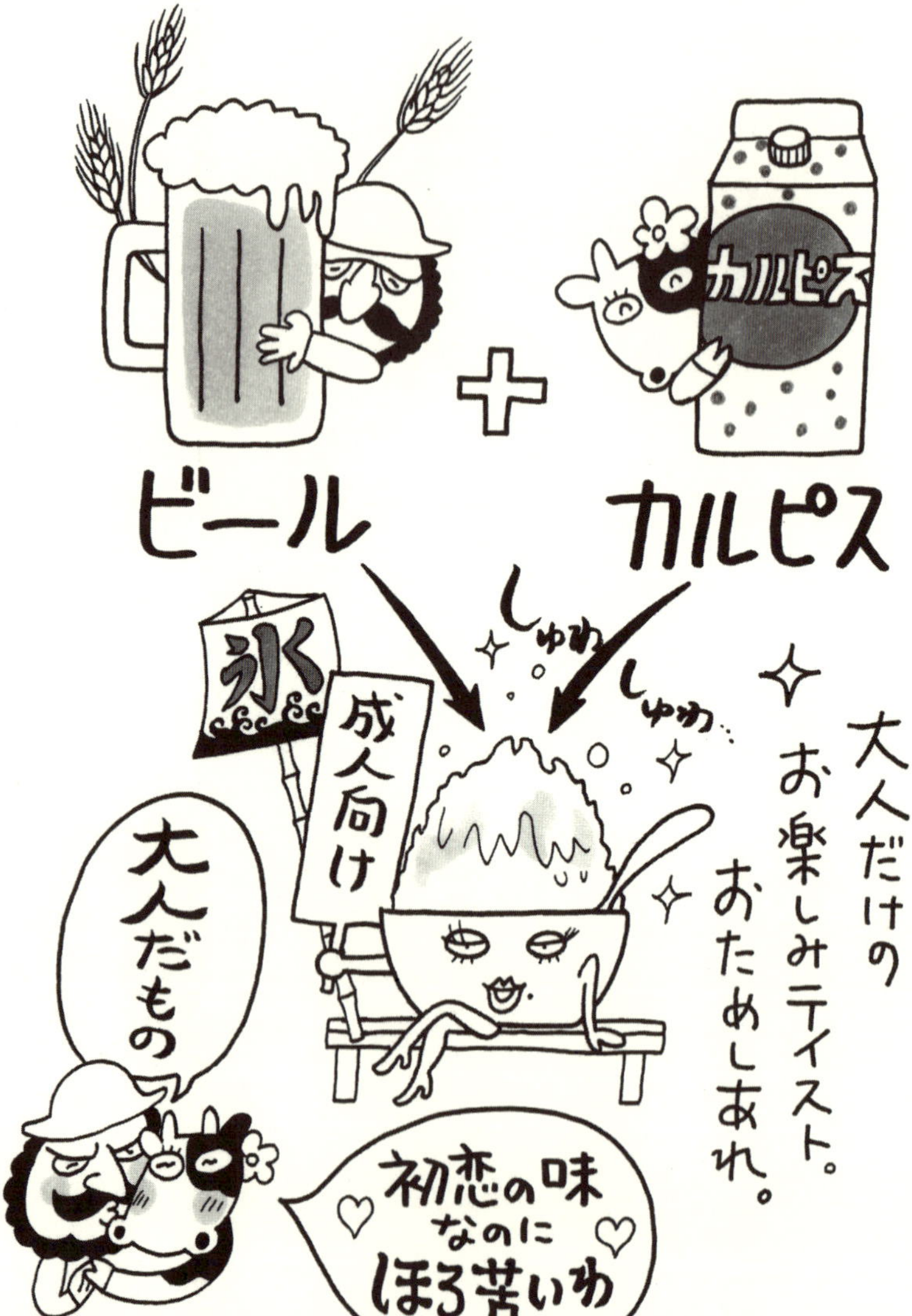

ビール
カルピス
カルピス
しゅわ
しゅわ…
氷
成人向け
大人だけのお楽しみテイスト。おためしあれ。
大人だもの
初恋の味なのにほろ苦いわ……

34 綿のプレタきもの

（よきもの倶楽部）

外国を旅行すると、おのずといろんな国の旅行者と知り合う。目が合ったらまずは「ハーイ」で、次に「どこから来たの？」。そこで私が日本から来たことを告げたときの相手の反応といえば、頷く人も多いと思うが、おしなべてワンパターンである。

「オー！　芸者・フジヤマ・寿司・忍者」という、エキゾチック・ジャパン系。

「オー！　トヨタ・日産・パナソニック」という、テクノロジー称賛系。

「オー！　中曽根首相」という、微妙にずれた社会派系。

「アチョ〜〜〜！」という誤解層もいまだに多い。

たまに「以前日本に住んでたんだ」とか「石川啄木は素晴らしい」とか「上越市の横尾さんを知ってますか？」といった超ディープ系もいて驚愕することもあるとはいえ、そんなのはきわめて稀であって、だいたいは「あー、はいはい、日本の印象なんてまあそんなとこよね」と作り笑いを浮かべるのが常だ。

このときの心情ははっきりいってあまり面白いものではないのだが、逆にこちらが韓国人に対して「キムチ、ビビンバ、ペ・ヨンジュン」とか、スイス人に「ヨーデル歌える？」とか言って苦笑いされることもままあるのだから、お互いさまなんだろうとは思う。

いずれにせよこういった経験を通してつくづく感じるのは、ここまでインターネットが発達してボーダーレス化が進んだ21世紀においても、じつは世界はお互いのことをあまりよく知らないということ。そしてあまりにもプロトタイプな相手の反応にうんざりしながらも、いざ自分が日本のことを語ろうとしてもそれが案外難しいということだ。

じつは私はちっとも日本のことなんか知らないのではないか。自分の生まれ育った国について、ちゃんと説明できるものなんてひとつもないじゃないか。

「一回500円、四回のレッスンで一人できものが着られるようになります！」という着付け教室の扉を叩いたのは、そんな自分をまず一歩打開するためであった。日本人たるもの、せめてきものぐらいは自分で着られるようにならなくちゃ！

高く掲げた目標は次の三つ。

①日本の伝統着衣・きもののイロハを正しく理解する。
②思い立ったときにパッと着られるようになる。
③外国の旅先で着てちやほやされる。

念のため友人を誘ったのは、「もしこれが安い受講料でおびきよせて高い着物を売りつける罠だった場合には一人置いていったほうが逃げやすい」と考えたからだが、さいわい良心的な教室で、陽気な先生が「まあ若い人たちが」と我々を大歓迎してくれた。

――先生、私たちは日本の伝統着衣であるきものを理解したいと思って来ました！

「へっへっへ、立派な志ねえ。大丈夫よ～ん、へっへっ」

――きものは畳めば平面になり、紐一本で着ることができる。まさにミラクルな着衣だと、世界の民族衣装についての文献に書かれておりました。

「そうそう、そうなのよ～ん」

先生はここでいったん肯定したが、「でも」とはさんでこう続けた。「今どきは、紐よりももっといいものを使うのよねえ～」

先生がルンルンルン♪と鼻唄を歌いながらザラザラ出してきたのは、マジックテープやクリップがぶらさがったゴムベルトやら、不思議な形のパッドやらと、およそ大和撫子のイメージとはかけ離れたツール軍団であった。

「これらの最新兵器を使えば着付けなんて屁の河童。うちのオリジナルでね、便利よ〜ん」

たしかにそれらを使えば驚くほど手早く着付けが完了し、さらに着崩れもなしといいことづくめである。ああでもでも、いいんだろうか。私は真の日本文化を一から学ぶつもりで来たんじゃなかったのか。こんなずるいグッズを使っては本末転倒ではないのか？

しかしあっさり「それください」と言ったのは、①の目標さえ妥協すれば、②と③は軽くクリアーできると瞬時に判断したからである。

さて、ここで紹介するのは「よきもの」というブランドの綿100％のプレタきもの。すなわちオーダーメイドではなく、すでに仕立て上がった状態で売られている既製品（プレタポルテ）である。S・M・Lの3サイズ展開。価格は3年前で4万8000円（今は3万円台が中心らしい）。百貨店の「大きもの市」みたいな催し会場でこれを見つけたときに飛びついたのは、言うまでもなく「おおお、これなら気軽に着られる！」と思ったからだ。

四回のレッスンで晴れて「一人できものを着られる日本人」となれたものの、なかなかきもの姿で外を出歩けなかったのは、なんだかんだいって自信がなかったからである。

祖母や母から譲り受けた正絹のきものはちゃんと着ないと霊界から叱られそうだし、たとえそこで「死人に口なし」と開き直ったとしても、町ですれ違う現役のきものマダムたちの目が怖い。

要するに、気後れせずにきもの姿で世間へ出るにはある程度着慣れてからでないとあかん、と悟ったのだ。かといって練習用と割り切ろうにも、いかにも安物のポリエステルのきものには「買って着る喜びや楽しさ」を感じられそうにない。そんな私にとって、感じのよい上質の綿でできたそれはまさに打ってつけだったわけだ。

事実、このきもののおかげで、私はきものの楽しさに開眼することができた。

自宅で友人を招いたとき、きもので出迎えると「おおっ」と喜ばれる。「形見だから」「正絹だから」という気負いが不要で、しかも気軽に洗えるから、料理も食事も洗い物もいつもどおりにワッハッハ。

そして今やきもの姿で自転車も乗りこなし、紬や小紋での外出デビューも果たし、きものマダムたちの前もなんとか「ごめんあそばせ」と通過できるようになったのだから（ただし足早・伏せ目がち）、たいしたものではないか。

さて、というところで残す野望は③のみで、それはあと2か月先の中欧旅行で実現させる予定だ。これを機に、私は持っている帯のほとんどをマジックテープでぺたーっと巻くだけでお太鼓が完成する「作り帯」に加工した。

日本文化を正しく理解する件はどうなったのか。

いいのである。

ゴムゴムのベルトやクリップを使おうと、帯がバリバリぺたーっであろうと、世界一きものが似合う大和撫子がそこでにっこり微笑むことが、地球人類にとって、なにより私にとって、もっとも重要だからである。

で、

ついに実現した
きもの（欧州）の旅報告

自分たちが着るだけでなく着せてあげたかったので、近所の欧州体型な奥さん（長身・ボイン）の体で着付けを練習させてもらってから出発。

着せてあげた人の数は17日間でのべ**15**人。

その喜ばれようときたら、予想をはるかに越えておりました。

予想
キモノ?
オー♡ 嬉しいわ
という程度ではなく
実際
うそよまさかそんなこと
キャー! ホントだー!
←友人・親せきに電話
今すぐネット上に公開するわっ
↑デジカメ
ゲイシャ風にメイクするから
ちょっと待ってて
夢がかなったわ…♡

着付けアシスタントは娘・12才

でもね 実はね ずるい手をいっぱい使っちゃったのよ〜
よよよ…
きもの通の方はお読みにならないでね……
① 長襦袢《ながじゅばん》は省略。
えっ
えりのみ使用。
② 帯結びもサボる。
ガイジンさんウケしそうな金ピカの中古の帯を買ってきて
巻くだけに加工。
マジックテープ
くるっ
ぺたっ
ワンダホ〜な扇太鼓
実は…
さすだけっ
うちわのホネ
こんなのも作っちゃった〜
加工してくれた近所のAさん
日本文化はすばらしいねっ！
若干
うしろめたい……
大丈夫よかーさん どーせわかんないってー
フフフ
男性にはゆかた（軽いから）
100円ショップの桜の造花

35

160円の豆だるま

（成田空港第一ターミナルのみやげもの屋）

昨年、一枚のＣＤを買うために、セルビアくんだりまで足を運んでしまった。

念のため解説しておくと、セルビアはかつてのユーゴスラビアが分離してできた北海道ほどの小国。そして私をそんなところまで導いてしまったのが、マリヤ・シェリフォビッチという23歳の女性歌手である。

50余年の歴史を持つヨーロッパの「ユーロビジョン・ソング・コンテスト」という国対抗の歌合戦で優勝した彼女をひょんなことから知り、その力強い歌声とボーイッシュなキャラクターに心をわしづかみにされてしまったのだ。

「流通が発達した21世紀のいま、なぜわざわざ現地まで？」と思われるかもしれないが、ネット通販でも彼女のアルバムは日本で入手できないことがわかったからだ。

ユーチューブを何百回見ても、かろうじてダウンロードできた数曲をパソコンで聴いても、気持ちはむしろつのるばかり。ああ、彼女の歌をもっと聴きたい。

家族全員が彼女の大ファンということもあって、そしてついに私が代表で送り出されることになったというわけだ。

「かあさん、マリヤちゃんの国がどんな所なのかしっかり見てきてね」

「よっしゃ、まかしときい！」

私にとっては、娘が生まれてからの初めての一人旅でもある。

その出発の成田空港のみやげもの屋で見つけて購入したのが、この小さな張り子のだるまである。高さ5センチ・重さ10グラム・一個１６０円。

まず、それがガイジンさん用に商品化された「なんちゃってジャパンみやげ」ではなく、本

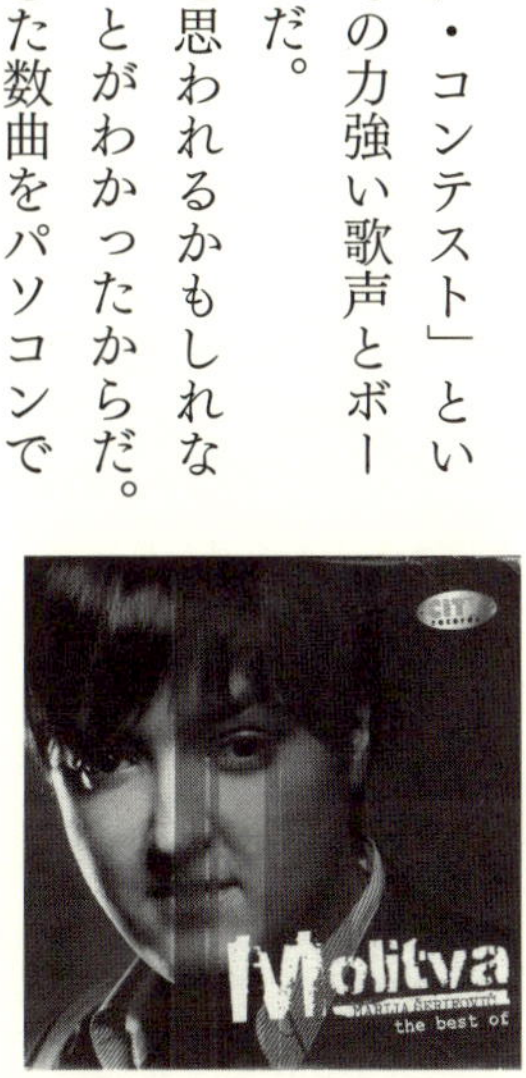

物の日本の縁起物であることが気に入った。そして何より、この赤くて丸いだるまがこれから始まる旅に元気と幸運をもたらしてくれるような気がしたのだ。

ひとつは自分用に、ひとつはマリヤちゃんにとふたつ買って、お会計は320円なり。

そう、じつはレジ横のかごに盛られたそれを手にしたときに、これにファンレターを添えてマリヤのプロダクションに届けることを思いついたのだ。そうよね、せっかく行くんだもんね。このだるまが日本のファンの思いを届けてくれたらいいなと、純粋にそう思ったのである。

ところが到着したセルビアでは、想像を超える展開が待ち受けていた。

なんと私は、マリヤちゃん本人に対面したのである。

宿泊したホステルの主人に「マリヤのプロダクションへ手紙を投函しに行きたいから行き方を教えてほしい」と頼んだところ、彼が勝手にプロダクションに「日本からファンが来てるよ」と電話したらしい。すると「記念品をあげるからぜひオフィスへおいで」という展開になり、ホステルの主人に連れて行ってもらった。そしてスタッフから非売品のTシャツやDVDやらをもらって「もう死んでもいい〜」と泣いていたら背後から声がして、最後に本当に殺されかけたというわけだ。

「なにごと?」

聞き覚えのある声だ。で、振り返るとそこに彼女が立っていた。

赤いセーターが似合いすぎて、だるまのよう。芸能人風サングラス。口にはシーハーとつまようじ。それはまさしく恋い焦がれた声の主、「こんな容姿の人間は地球上にあんただけや!」のハンサム・ガール、マリヤ・シェリフォビッチ本人であった。

「ぎゃー、マリヤ!?」

私が叫ぶと、彼女は23歳とは思えぬ落ち着きでゆっくりとこう言った。

「今、あなたがしなければならないことはふたつ。ひとつ、泣き止むこと。ふたつ、そこに座ること」

ひいーっ！ どんだけかっこええねん、マリヤちゃん！

「セルビアに何しに来たの？」

知ってるくせに、もう。

「あ、あ、あなたのCDを買うためです」

「それだけ？」

「それだけです」

すると彼女は、キュッと肩をすくめてこう言ったのだ。

「ユー・アー・クレイジー」

あかん。ただでさえ惚れているのに、もう完全につかまってしまったじゃないか。

飛行機の中で書いた手紙とだるまをクレイジー日本人が手渡すと、彼女は思いのほか喜んで、

「この人形はなぜ白目なの？」と聞いてきた。

ええと、ええと、それはですね。

「何か願い事をしながら片目を入れて、願いが叶ったらもう片方も描き入れるのです。転んでも転んでも立ち上がる、つまり、ネバー・ギブアップ・ドールなのであります」

中学英語フル稼働で説明すると、彼女はテーブルの上で何度もそれを転がしては、ころんと

起き上がるたびに嬉しそうに笑い声を立てた。

「マリヤの歌手生命が危ういらしい」と知ったのは、帰国して二週間がすぎた頃だった。

私が訪れた当時のセルビアでは、長年問題になっていたコソボの独立宣言が間近と言われる中、大統領選挙のキャンペーンが各地で行われていた。十年前まで戦争をしていた小さな国は、ロシアと西欧諸国との狭間で、静かに、でもたしかに揺れていたのである。

マリヤはどうやら、政治に巻き込まれたのだった。

西欧諸国との融和に異を唱える候補者の演説会で、マリヤが歌ったのがことの発端。優勝者としてメジャーであるがゆえに風当たりは強く、西側から、やがて国内からも激しくバッシングされる対象となった。

「時代遅れの国粋主義者、セルビアの恥、政治家の犬」

「優勝したときは大好きだったけど、今は大嫌い」

「でぶ、おかま」

公式ホームページは閉鎖され、すでに発売日が決まっていたニューアルバムも発売未定となった。マリヤはメディアから姿を消した。

彼女の近況を知る手がかりは、わずかに残ったファン同士がネット上で交わす噂レベルの情報のみ。そんな状況に甘んずるしかなかった頃、私はふと、自分用に買っただるまにまだ目が入っていないことを思い出した。

油性ペンを出してきて、片目をぐりぐり描き入れて。

と、うっかり手をすべらせて落としてしまったそのとき。片目を描きこまれたそれは、散らかった床の上の新聞紙に不安定に着地して、やっぱりころんと起き上がったのだった。

マリヤが復活の兆しを見せたのは、その約10日後である。

お蔵入りとなっていたアルバムの発売が決まったニュースと、久々のマリヤのインタビューが週刊誌に掲載されたのだ。

これまでの経過はすべて自分自身の責任であること。今後はまったく新しい気持ちで、一から歌い始めること。マリヤの決意をあらわした記事は、そして担当記者のこんなコメントでしめくくられていた。

「インタビューに答えたマリヤの腕には、真新しいタトゥーが刻まれていた。タトゥーの言葉は、NO REGRETS（後悔なし）」

東京はまだ夜明け前。

ホステルの主人が翻訳してくれた記事をパソコンで追いながら、私はあははと笑って、娘と夫を起こしに行ったのである。

マリヤ・シェリフォビッチと筆者

外国へのおみやげにポテトチップスがおすすめ
1 和風フレーバー
関西 こてこてソース味
ポテトチップス 本わさび
CHIPS 限定 八丁味噌
なじみのあるスナックなのに味がちょっと変わっているという点とパッケージもウケる。
2 あえて現地の味で勝負
?
メイド・イン・ジャパンの
トムヤムクン風味です～
ポテトチップ 夏期限定 トムヤム
インド人に"本格キーマカレー味"
韓国人に"キムチ風味"
ドイツ人に"ジャーマンポテト味"などなどなど…
好評・不評はともかく話題性はアリ。
たまに気まず～くなるけどね…
世界に挑め!

36 遺影用の写真

（肖像写真スタジオ「素顔館」）

言われることはわかっている。

「遺影なんて縁起でもない」

「まだ若いのに、そんなの必要ないでしょ」

が、あえて撮ってもらったのがこの写真。「もし私がパッタリ逝ったらこれを使ってね」と、家族に差し出したのである。仕上がりを見て、ほお～我ながらいい顔しているじゃないとご満悦なのだけれど、さていかが？

9年前に母を亡くしたとき、何より苦労したのは遺影のための写真探しだった。

身近な人を亡くした経験のある人なら、おそらく多くが「そうそう」と頷くはずである。日本人は日々けっこう写真を撮るほうだとは思うが、いざとなるとこれだという写真がない。帽子の影が深々と顔に落ちていたり、横顔だったり、何かをモグモグ食べているところだったり。正面を向いたものがあったとしても数人集まっての記念撮影で、大きく引き伸ばすと画面がぼやけてしまう。

「パス、パス、パス、これもパス。どうしよう、まともに写ってるのないやん」

「これは小さすぎるし、こっちは笑いすぎ」

「これはどう？　ママらしいかなーとは思うけど」

「20年前のやで。さすがに不自然やろ」

「あかん、こっちのアルバムはグラサンかけてるのばっかりや。いっそこれは？」

「……化けて出られるかも」

母が息をひきとって数時間後の、残された父と娘二人の会話である。

葬儀の業者さんは「多少難のあるものでも当方でちゃんとCG加工させていただきますよ」と言ってくれる。できるだけいい顔を選んであげたいという思いはあれど、時間がない。

そしてやっとこさ差し出した一枚は、選んだというよりは消去法で唯一残ったものだった。かろうじて正面向きで微笑んではいるものの、微笑みというよりはスケベ笑いに近く、しかも着ているのは姉と私が小学生の頃にさんざん着て「もう小さくなった」「じゃあママが普段着にするわ」となったおあがり（？）の子ども用ワンピースだったりする。

「私らが死んであの世に行ったら、まずママに文句言われるのは確実にこの写真のことや」

そんな後ろめたさを抱きながら弔問客を迎えた葬儀の日、その一帯が記録的な豪雨に見舞われ、新幹線が止まった。死人に口なしとは言えんなぁと、つくづく思わされたのである。

「幸せな遺影、撮ります」

そんな写真館があると知ったのは、取材の仕事がきっかけだった。

東京の中野区にある「素顔館」。写真家の能津《のづ》喜代房さんが経営するいわゆる町の小さな写真館なのだが、ショーケースに飾られた写真は七五三や成人式のものばかりではなく、ふつうの人がふつうの服装でリラックスした表情で写っている。

片手にたばこ。愛用品らしき楽器をたずさえて。胸に一輪の赤バラ。愛犬を抱いて。ゴルフウェアにゴルフ帽。自筆の書の掛け軸を背に。でも特にそういった個性的な演出がないものだって多いのに、それでも十人十色の声が聞こえるような気がするのはなぜだと首をかしげたのである。

果たして、謎はすぐに解明された。

能津さんは、訪れたお客さんに、まずお茶を出すのだった。

ようやく暖かくなってきましたね。どちらからおいでになりましたか？　ああ、遠いところからようこそ。そちら方面には私も若い頃によく遊びに行ったものです。えっ、お生まれは関西なんですか。

その日のお客さんはしゃっきりハツラツとした90歳の男性で、娘さんをともなっての来館だった。和やかな茶飲み話はどんな写真にしたいというご本人の希望もまじえながら、やがて「じゃあ撮ってみましょうか」という能津さんの呼びかけで、自然に撮影へと移行してゆく。こんにちはと入ってきて、最後にパソコン画面で数十枚からお気に入りのショットを選ぶまで、じっくり一時間。90歳のおじいちゃまは「これで安心して長生きできるよ」と、娘さんと嬉しそうに素顔館をあとにした。

おや。これ、何かに似ているなあ。

そう思ったのは、長距離列車で隣あわせた人とおしゃべりをして、どちらかが降りていくときに「お元気で」「ありがとう、あなたも」と声をかけあうあの感じだ。

「遺影っていうとギョッとしちゃうけど」

能津さんは言う。

「要するに、いい顔のポートレイト（肖像）なんです。その方が亡くなったときに呼び方が遺影になるというだけでね。おはようって声をかけたり、励まされたり。その人らしい生き生きした写真は、ご本人と家族にとっての宝物になると思うんですよ」

どうやら能津さんにも私と同じような、そしてきっと世間でもありふれた苦い経験があったらしい。おつれあいのお父さまが亡くなったとき、遺影にするいい写真が見つからず悔やんだ。写真を生業とするならなおさらだろう。

「だから、そのあとすぐに故郷の山口にカメラをかついで帰ってね。両親に〝元気な顔の写真がほしいからちょっと撮らせてよ〟って。その写真が実によくてねえ」

ご両親はまだ健在だが、90歳をすぎた今は当時の目の輝きは失われつつある。あのとき撮っておいて本当によかった。これが俺のおやじだおふくろだと思える、声が聞こえてくるような写真。それが、かつて広告写真家だった能津さんが素顔館を始めるきっかけになったのだった。

「私の所でなくてもね。いい顔の写真を残そうって思う人や写真館が全国に増えればいいなあと思ってるの」

うん、そういえば。自分のいい顔の写真、ほしい。

それが遺影になろうがなるまいが、バッチリいい顔をプロに撮影してもらうってことがまず単純に楽しいではないか。そう思って、その後あらためてお客さんになって撮ってもらったのである。

そしていくつかの表情の中から自分で選び出した一枚への、さて家族の反応はというと。

「うわぁー、今にもツッコミ入れてきそう！」

うっしっし。

そうよ、これればかりは。

そんな私が生きてなきゃ、撮れっこないんだからね。

ここに入れてあるさかい おばあちゃんが死んだら出してきてや~
と↓祖母が準備していた
自分が死んだ時《とき》用セット
1 遺影用の写真
美容院でセット
いちばんいい着物
数年ごとに写真館で撮り直し
2 白装束
お遍路巡礼の印
桐
3 子どもたちのへその緒
ちゃんと残された人のことを考えてたんやね…
いやいや
おばあちゃんはええかっこしい (格好悪いことが大嫌いな人) やってんて ~~~
あっぱれや
ええかっこしいやから98まで長生きしはってん

OMAKE!

おまけコミック

ザ・失敗ショッピング

ワタクシの数々の“買ってよかった”に感心しておられるあなた様に
特別に“失敗談”もお聞かせしましょう
ほほほ……
失敗番号1
入手場所→中国（西安）
毛皮の帽子
あれはまだ私が大学生の頃。よくも悪くもすべてに純真でございました。
かわいい～
あっ
ちょっと寒いな～と思っていたところで毛皮製の
帽子屋を発見！
ぷはー
你好《ニイハオ》♡
品質もしっかりたしかめなくっちゃ
おっちゃんこれ何の毛皮？
とはいえお互い言葉が通じないし……
好《ハオ》ッ
好《ハオ》ッ
くんくん
筆談しようにもキツネやタヌキという漢字が思い出せない。そこで絵を見せると
これ？
是《シー》是《シー》!!
←彼が深く頷いたので
買ったのです。直後に現実をまのあたりにするとは知らず……。
ちゃっちゃっ
よろ～
よろ
質感同じ
←あは
あは
よろ

失敗番号②
34変化《へんげ》ドレス
夜中のアメリカのテレビ通販
1枚のドレスで34通りのスタイルを楽しめちゃうの♡
フフフ
見ててよ
信じられないって?
ほ～ら
ねっ
夢のドレスねっ
こんなの誰が買うのかな?
と思ってたドレスがなぜか数日後にうちに到着
・・・・
・・・・・
さまざまな学びをもたらしたドレスは即日タンスの住人となる。
★34変化しても印象はかわらない
★日本人体型には似合わない
★夜中のテンションは危険
ぱたん
起死回生のチャンスか?!
10日間の豪華客船のクルーズに参加するのの衣装が大変なのよね～
うってつけのドレスがあるよっ
がばっ
ほかにも……
③タイのタイスキ鍋
本当にタイでもこうやって食べるの?
あっ
……ったりまえやんっ
ウソ
正しくは下の穴♥にバーナーや燃料を入れる(カセットコンロはNG)
と、思いきや
まさか夜中のテレビ通販のへんてこなドレスじゃないよね?
ケタケタ
その希望とて束《つか》の間。
←まさかを買った人
④激安通販の羽根布団
ニワトリのにおいがするの～
⑤
⑥
失敗は成功のもと
と
思い込むべきですわね
ゆさ
ゆさ
まだ
まだ
まだ…

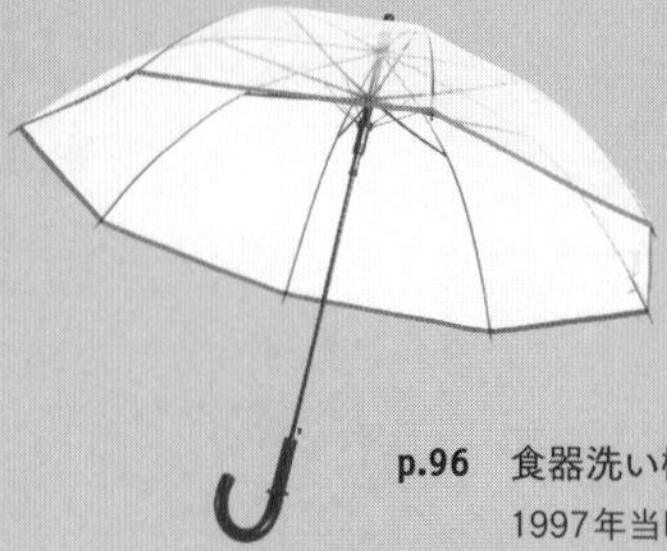

p.96　食器洗い機/特急すゝぎ　ホシザキ電機株式会社　☎0562-97-2111
1997年当時113,000円（生産終了）

p.102　強力ドライヤー/ウインドプレスEH5402　約7,000円
パナソニック　近所の電器屋

p.107　10インチテレビ/KV-10DS1　不明　SONY

p.111　コードレススチームアイロン/カルル　1993年当時約16,000円
パナソニック（生産終了）

p.118　伊東屋のビニール傘/ギンザシースルー
当時1,900円、現在2,415円（税込）　伊東屋銀座本店
☎03-3561-8311　URL http://www.ito-ya.co.jp

p.124　二段式ステンレス弁当箱　現地で約300円
インド・ニューデリーの金物屋

p.128　三輪式ショッピング・キャリー　ドイツ・アンデルセン社
URL http://www.andersen-shopper.de/
約13,000円　スイス・チューリッヒの百貨店

p.133　ハンディロック　1,890円　株式会社コンサイス　☎03-3685-0811
URL http://www.concise.co.jp

p.140　Yチェア　デンマーク・カールハンセン＆サン社
1994年当時1脚約60,000円

p.145　ニーチェアX　有限会社ニーファニチア　☎088-653-1027
本体21,000円＋オットマン9,000円=30,000円

p.150　トンボ鉛筆 MONO100　1本150円

p.154　電動鉛筆削り機KP-4D　2,888円　パナソニック（生産終了）

p.157　段ボールのこダンちゃん　1本399円（税込）　長谷川刃物株式会社
☎0575-22-1511　URL http://canary.jp

p.162　ティファニーのトランプ　1990年当時25ドル
ニューヨーク・ティファニー本店

p.165　四角いビニールプール　不明　東都生協通販

p.171　かき氷マシン／きょろちゃん　新古品で3,800円
タイガー魔法瓶（生産終了）　下北沢のアンティークショップ

p.177　綿のプレタきもの　48,000円　よきもの倶楽部　☎075-701-3223
URL http://www.yokimonoclub.jp/

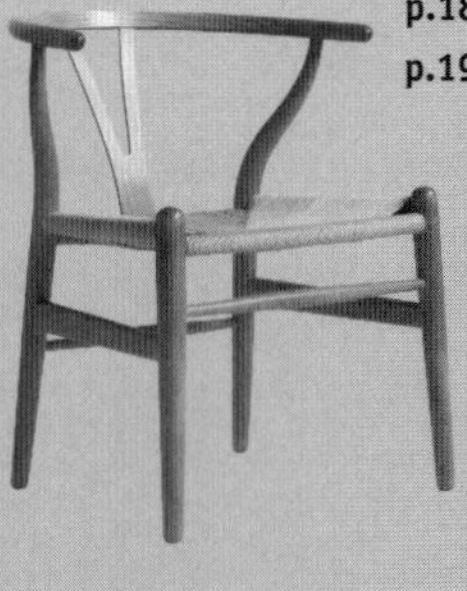

p.184　160円の豆だるま　1コ160円　成田空港の第一ターミナル土産物屋

p.192　遺影用の写真　撮影3,500円＋ハガキサイズプリント1,000円
出張撮影は交通費と出張料（東京23区で3,000円）
肖像写真スタジオ「素顔館」　〒164-0012 東京都中野区本町4-4-15
☎03-6659-5111（予約制）　URL http://sugaokan.com/studio.html

モノリスト

基本的には筆者が購入した当時の価格を表示しています。20年前の品は、値段が不明のものあります。販売している店や通販サイトによって価格が異なることも多いです。

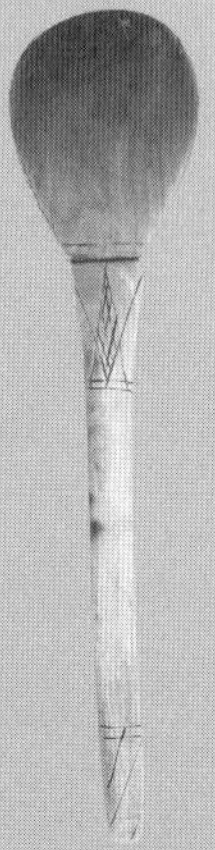

p.10　30円の木べら　1本約30円　タンザニアのカリアコー市場
p.14　プラスチックのミニまな板　不明　下北沢の輸入雑貨屋
p.19　ステンレス製のレンゲ　12本約120円　タイ・バンコクのスーパー
p.24　ミニすり鉢とミニすりこ木　すりこ木は現地で100円くらい
中国・トルファンの青空市場
p.29　インドのカレー用ステンレス小鉢　現地で1コ35～40円くらい
インド・チェンナイの金物屋
p.35　大きなテフロン鍋/SPINY　現在は12,000円　ダイヤアルミ株式会社
☎089-925-8111（筆者は京王百貨店新宿店＜☎03-3342-2111＞にて購入）
p.42　十二支の竹の箸　不明　上海の和平飯店
p.47　ヨーグルトスプーン　1本260円　自由が丘の雑貨屋
p.50　小さなトング　ののじレリッシュトングLTG-S06 1本630円（税込）
株式会社レーベン販売
☎050-5509-8340　URL http://www.nonoji.jp
p.56　透明の耐熱デザート皿　フランス・アルコロック社
ネット通販で1枚360円
p.62　プラスチック製カトラリー180本セット　約1,400円
アメリカ プレイリー・パッケージング社　グアムの巨大スーパーマーケット
p.67　ステンレス製のコップ　現地で60～70円くらい　インド・チェンナイの金物屋
p.72　白いバスタオル　1枚3,900円くらい　ホットマン株式会社
☎0428-24-6500　URL http://www.hotman.co.jp
p.76　ボディ用の亀の子束子　タムラさん・ナリタくん各630円（税込）
株式会社亀の子束子西尾商店　☎03-3916-3231
URL http://www.kamenoko-tawashi.co.jp
p.81　洗濯物干しハンガー/引っぱリンガー
3,980円・ピンチ1コ52円（ともに税込）
スーパーはぼきのエヌケーグループ　☎082-294-0111
URL http://www.e-na.co.jp/haboki-nkg/index.html
p.85　青森ヒバの抽出留液/翌檜香　1.8リットル入り1,680円
青森ヒバオール株式会社　☎0172-28-2373
E-mail:green@hibao-ru.com
p.90　ハケほうき　オープン価格・目安は1,480円（税込）
株式会社インダストリーコーワ　☎052-441-3570

おわりに

「買ってよかった！」という、暮らしの中の小さな快挙。

この勝利にも似た喜びは、私が思うに、誰かからのプレゼントや懸賞で当たったものから得る喜びとは性質がまったく違うのである。なにが違うのか。なぜ「買ってよかった！」の喜びは、心の中の快挙のベルをこうまで激しく打ち鳴らすのか。

それはもしかすると、自分で見つけて・選んで・決めて、自分でお金を出して買ったからではないだろうか。

たとえば、たまたまもらった招待券で見に行った映画がつまらなくても大して悔しくないが、自分でチケットを買った場合はそれどころでは済まないではないか。言い換えれば、「よかった！」も「しまった！」も「くやしい！」も、自分で選び出したものだからこそガッツリ味わえるんじゃないかと思うわけだ。

そして、買ってよかったモノの向こう側には、必ずそれを作った人がいる。

モノのほうから「ね、ね、これいいでしょう」と鼻息荒く主張してくるものもあれば、「昔から同じものを作り続けているだけじゃ」「いや、たまたま作っただけなんですが」ってな具合いにさらりとしたものもあっていろいろだけれど、それらとの出会いは「作り手との意気投合」を実感できる瞬間でもあるのだ。

「買ってよかった。作ってくれてありがとう」

「それはよかった。お買い上げありがとう」

ささやかながらも、顔の見えない相手との相思相愛は、やっぱり嬉しい。

それにしても36編を書き上げてあらためて思うのは、人さまにとってはどうでもよさそうな些細な要素でさえ「買う・買わない」を左右しているのだった。

たとえば私の場合だけとってみても、価値観や好みも多様で、モノ選びに成功のセオリーなんて結局ないんだよなあ、ということだ。

フトコロ具合いはもちろんのこと、厳しい住宅事情や、すでに持っているものとの兼ね合い。タイミング。美しいものへの憧れ、正義感、ことわざ、親の口ぐせ。がっかり体験、買わずに後悔したものの残像。理屈抜きの好き嫌いだって当然ある。きっと子どもの頃に見たおばあちゃんちの台所の光景や、中学生の頃に繰り返し読んだミュージシャンのエッセイなんかも無意識のうちに価値観に影響を与えているだろうし、さらには子どもが生まれた、引っ越した、家族が病気になった、といった横軸も人生には入ってくるからややこしい（つくづく人生はモノ選びの連続だと思う）。

だけど、もし。女神さまが現れて「素晴らしいものしか載っていないカタログと、何でも買えるクーポンと、収納豊富でストレス・ゼロの住居を授けましょう」と言ってくれたら？

私ならもちろん「それはそれは」と大喜びで受け取るに決まっているが、でももしかすると「買ってよかった！」の喜びは以前ほどではなくなるのかもな……なーんて、思ってみたりもするのだった。

作った人もえらいけど、それを見つけた自分もえらい。

こんなに愛され使いこなされて、モノのほうだってさぞかし幸せだろう。

あるときはひょっこり。あるときはさんざん悩んだりしながらも。
なんだかんだいって人生は日々の暮らしでできているから、こんなふうに自分でたぐりよせたモノたちと、ともに紡いでいきたいと思うのである。

柏原誠さん
望月昭秀さん
戸田寛さん
ギャラリー・オーク
石埜家のみなさん
高橋家のみなさん
谷中家のみなさん
㈱ダイトー 三橋辰之さん
能津喜代房さん
土田由佳さん
晶文社 小野岡廣子さん
Ashok Balakrishnan
Kanchana Balakrishnan
Chillton Hostel Belgrade
(順不同)

以上ほか、協力・応援して下さったみなさん。
そして「買ってよかった!」と思わせてくれる
モノたちを作り、運び、売ってくれたみなさん。
本当にありがとう。

著者について

森優子（もり・ゆうこ）

一九六七年大阪生まれ。大阪芸術大学美術学科卒。旅行コラムニスト／イラスト・エッセイスト。学生時代、サハラ砂漠を歩いているときに出会った人物にスカウトされて上京、ガイドブックの編集事務所に就職。九三年独立、イラストを含めた執筆活動をスタート。ユーモラスで地に足のついた旅行術＆生活術は、「そうそう」「あるある」「なるほど」という多くの共感を読者から得ている。現在は東京都内で中学生の娘・夫との三人暮らし。『東南アジア ガハハ料理ノート』（晶文社）、『旅ぢから』（幻冬舎）、『家事場のバカぢから』（共著、メディアファクトリー）ほか著書多数。『女性のためのトラブル知らずの海外旅行術』（晶文社）は韓国と台湾でも翻訳出版された。

森優子公式サイト『ゆらゆらくらげ倶楽部』
http://www.mori-yuko.jp

買《か》ってよかったモノ語《がた》り

二〇〇九年九月二五日初版

著者　森優子
発行者　株式会社晶文社

東京都千代田区外神田二－一－一二
電話（〇三）三二五五－四五〇一（代表）・四五〇五（編集）
URL http://www.shobunsha.co.jp

ダイトー・三高堂

ISBN978-4-7949-6748-0　Printed in Japan

森優子の本／好評発売中

女性のためのトラブル知らずの海外旅行術

絵と文　森 優子

女性がハマリやすい旅のトラブル誘惑、ドロボー、スリ、みやげ物屋でのふっかけなどなど。自らの豊富な失敗談を、大爆笑、ド迫力のイラストで紹介し、その対策を細かにアドバイス。笑いこけて読むうちに、安心して旅を楽しむコツが身につきます。海外旅行前の必読書！

A5判・256頁

東南アジア ガハハ料理ノート

絵と文　森 優子

東南アジアの国々の屋台や食堂に潜り込んで覚え、日本の台所であーだ、こーだと試して再現した味のレシピと、それにまつわる人々や、街の匂いを伝えるエピソードが満載。どの料理も簡単にできて、しかもご飯に合うものばかり！　台所発東南アジアの旅をたっぷりお楽しみください。

A5判・128頁

はみだし
買ってよかった！
番外編
タイの80円の籐製のざる
(タイ サムイ島)
にわか雨よ ありがとう
大小・形 まちまち
雨やどりのために飛びこんだ荒物屋にて10個購入し、現在うちでは4個が活躍中。枝豆、パン、洗面所にハンドタオルを盛っておくetc フル活用！
仕上がりに
上手・下手あり
しゅっと そそり立つような この角度が よろしいんですの
底が1.5cmほど高くなっているので通気性もグー！
とにかく頑丈
高さ9〜10cm
直径18〜20cm
底11〜13cm
ただし…
ずり
ずり
あは
あは
さらにいっぱい出てきた…
親切＋おばさんも雨でヒマだった
友人M
個性豊かな大群から選び出すのはタイヘン 骨が折れました。
あっ
でも
雨はあがった
ぜ